サラダサンドの探求と展開、
料理への応用

温野菜とパンの組み立て方

ナガタユイ

はじめに

野菜たっぷりのサンドイッチは人気ですが、
売られているもののほとんどが生野菜をはさんだものです。

加熱した野菜とパンは
どう組み合わせるのがよいでしょう？
私自身の疑問から、この本作りがスタートしました。

生食に向くもの
生でも加熱してもおいしいもの
加熱しないと食べられないもの
野菜にはそれぞれの個性があります。

生食だからこそ摂れる栄養素もあれば
加熱することで損失するものも、調理することで吸収率が高まるものもあります。

加熱することでかさが減って食べやすくなったり
甘味やコクが増したり
ゆでる、蒸す、揚げる、焼くなどの調理法の違いによっても
野菜の食感や味わいは変わります。

既刊の『生野菜とパンの組み立て方』に対して
本書では、加熱した野菜を「温野菜」と位置付け
様々な組み合わせに挑戦してみました。

ここに記したのは
野菜とパンのおいしさを探った結果ではなく、入り口です。

本書をきっかけに
野菜とパンの楽しみが広がることを願っています。

ナガタユイ

Contents

02 パンに温野菜を はさむ

05 パンに合う
世界の温野菜料理

本書の使い方

・本書内の"サンド"とはサンドイッチ(sandwich)のことで、日本独自の略称です。

・大さじは15㎖、小さじは5㎖、1カップは200㎖です。

・E.V.オリーブ油はエクストラヴァージンオリーブ油の略です。

・白こしょうは特に記載のない場合は、細挽きを使用しています。

パンに合うおもな野菜

この本で紹介する野菜

おもに加熱して食べる野菜

ブロッコリー	芽キャベツ	菜の花	ふきのとう	万願寺とうがらし
グリーンアスパラガス	ホワイトアスパラガス	男爵	キタアカリ	インカのめざめ
メークイン	里芋	鳴門金時	紅あずま	安納芋
れんこん	ごぼう	かぼちゃ	バターナッツかぼちゃ	ヤングコーン
そら豆	グリーンピース	スナップえんどう	さやいんげん	
枝豆	エリンギ	しいたけ	しめじ	
ペコロス	米なす	舞茸	白いんげん豆	
ひよこ豆	レンズ豆	キドニービーンズ	小豆	

野菜にはたくさんの種類があり、おいしい食べ方はそれぞれの野菜の品種や鮮度によって異なります。ここでは本書に出てくる、パンに合う野菜を中心に紹介します。加熱、生食、同じ野菜でも調理方法により味わいが変化します。本書では加熱する「温野菜」にこだわり、切り方や調味方法の違いによる組み合わせの相性などを深掘りします。

加熱でも生でも食べる野菜

キャベツ	レタス	ほうれん草	小松菜
ケール	春菊	カリフラワー	にんじん
ビーツ	長なす	とうもろこし	パプリカ
ズッキーニ	マッシュルーム	紫たまねぎ	たまねぎ
葉たまねぎ	にんにく	生姜	セロリ
長ねぎ	九条ねぎ	ホースラディッシュ	みょうが
パセリ	イタリアンパセリ	バジル	タイム
セージ	青じそ	コリアンダー	

おもに生で食べる野菜

ルッコラ	サラダ菜
クレソン	グリーンリーフ
ディル	フリルレタス
ミント	ベビーリーフ
チャービル	スプラウト類
きゅうり	
ラディッシュ	
コリンキー	

01

パンに合わせる
基本の温野菜

野菜の 種類

野菜は種類が多く、分類法も様々です。本書では加熱して味わい、パンとの相性がよいものを中心に取り上げました。葉を食べる葉菜類、根を食べる芋類・根菜類、実を食べる果菜類、きのこ類、また料理に香りを添え、味わいを引き立てる香味野菜・ハーブ類に分けて紹介します。

葉菜類

キャベツ

生食ではシャキシャキした食感で、加熱するとやわらかく甘味が増す。春キャベツは色みが鮮やかで甘味が強い。乳酸発酵させたザワークラウト（シュークルート）は煮込んでもおいしい。

芽キャベツ

茎にできるわき芽が結球したもので、栄養価が高い。ころんと小さなサイズがかわいらしく、煮込み料理に彩りを添える。このまま素揚げにしても美味。

菜の花

その名の通り、菜の花のつぼみと茎を食べる若菜で、特有のほろ苦さが春らしい味わい。栄養価が高く、特にビタミンCの含有量が高い。

ほうれん草

緑黄色野菜のなかでも特に栄養価が高い。鉄分が豊富で造血作用がある。寒い時季だけに露地栽培されるちぢみほうれん草（写真右）は糖度が高く濃厚な味わいがある。

小松菜

鉄分やカルシウムはほうれん草より豊富。軽くゆでると青みが増し、鮮やかな色合いと茎のシャキッとした食感が楽しめる。

ケール

青汁の材料として人気になったキャベツの仲間。抗酸化作用が注目されており、栄養価が高い。オーブンでパリッと焼くとスナック感覚で楽しめる。

ブロッコリー

β-カロテンとビタミンCが豊富で、抗酸化作用と解毒作用の高いスルフォラファンも注目されている。花蕾が詰まっていて濃い緑色のものを選び、新鮮なうちに調理する。

カリフラワー

加熱による損失の少ないビタミンCが豊富。加熱するとほっくり甘味が増す。近年はオレンジや紫の有色品種の栽培が増えている。イタリアの伝統品種、ロマネスコ（写真右）も同じ仲間。

ふきのとう

春の山菜で特有のほろ苦さがある。ふきのとうはふきの花のつぼみで、ふきのとうの後に、別の地下茎から生えてきた葉柄がふきになる。

アスパラガス

グリーンアスパラガスは抗酸化作用が高く、アスパラギン酸が多く含まれ疲労回復にも効果的。軟白栽培されたホワイトアスパラガス（写真右）は、栄養価は低いが繊細な味わいが楽しめる。

春菊

β-カロテンやビタミンCが豊富。濃い緑色と苦味、独特の香りが特徴。鍋料理など加熱調理に使うことが多いが、生食の方が味の個性が感じられる。

ルバーブ

ふきに似たタデ科の野菜で、強い酸味と特有の香りがある。かたそうに見えるが加熱すると短時間でとろりと煮崩れる。ジャムにするとさわやかな酸味が生きる。

芋　類

男爵

じゃがいもはフランスでは「大地のりんご」と呼ばれており、ビタミンC含有量はりんごの約6倍。男爵はごつごつとした球形で、ほっくりとした粉質でマッシュポテトやサラダに向く。

キタアカリ

男爵と同じくほっくりした粉質で、果肉の色は黄色い。甘味があり、近年生産量が増えている人気の品種。ポテトサラダに使いやすい。

インカのめざめ

果肉は鮮やかな黄色で、さつまいもや栗のようなほっくり感と強い甘味がある。素材そのものの味わいを生かすため、シンプルに楽しみたい。

メークイン

長卵形で表面はつるりとしており、きめ細かな質感で、煮崩れしにくい粘質の代表品種。形を残したい煮物に好まれる。水分が少なめで、フライドポテトにするとカリッと仕上がる。

レディジェイ

皮も果肉も赤紫色の品種で、アントシアニンを豊富に含む。ゆでると色素が流れやすく、ポテトチップスやフライドポテトなど油を使った調理に向く。

里芋

独特のぬめりが特徴で、ぬめり成分は胃腸などの粘膜を保護したり、免疫力を高める効果があるといわれている。じゃがいもの代わりに使うと、新鮮な味わいが楽しめる。

鳴門金時

徳島県・鳴門市を中心に栽培されているさつまいもの品種で、ほっくりと糖度が高く、スイーツの材料としても好まれる。調理法を問わず、万能に使える。

紅あずま

西日本の鳴門金時に対し、紅あずまは関東地方の代表品種。果肉は鮮やかな黄色で、焼き芋にするとほっくり感とねっとり感のバランスがよい。

安納芋

種子島の特産で、焼き芋用として特に人気が高い。強い甘味とオレンジ色の果肉が特徴で、じっくり加熱すると水分の多いねっとりとした食感を楽しめる。

根菜・果菜類

れんこん
ハスの地下茎が肥大化した部分で、和食には欠かせない根菜のひとつ。シャキッとした食感が持ち味で、シンプルな味付けにするとパンにも合う。豊富なビタミンCは加熱にも強い。

にんじん
鮮やかなオレンジ色でβ-カロテンを豊富に含む。かつてと比べて甘味が強く香りが穏やかなものが増えている。黄色い品種は色みを、ミニにんじん（写真右）はサイズ生かして使うとよい。

ごぼう
中国では古くから薬草として扱われていたが、食用にするのは世界でも日本と台湾だけとされる。かたい歯応えは豊富な食物繊維によるもので、血糖値の上昇を抑える働きもある。

ビーツ
土っぽい香りのある甘味が特徴。ボルシチなど煮込み料理に使うことが多い。飲む血液といわれるほど栄養価が高く、日本でも近年人気が高まり栽培量が増えている。

かぼちゃ
日本では古くから冬至に食べる習慣があったように、栄養価が高い。多くの野菜が鮮度を重視するのとは異なり、かぼちゃは時間が経った方が甘味もβ-カロテン量も増す。

バターナッツかぼちゃ
ひょうたんのような独特の形状で、皮が薄く甘味が強い。その名の通り、ナッツのような風味があり、なめらかな舌触りがスープに向く。

とうもろこし
穀物として食される乾燥コーンに対し、野菜として利用されるのはスイートコーンと呼ばれる甘味種で糖度が高い。ヤングコーン（写真右）は実が大きくなる前に若採りしたもの。

パプリカ
ピーマンの一種で唐辛子の仲間でもあるが、辛みも苦味もなくさわやかな甘味とジューシーさが特徴。赤や黄色のほか、オレンジ色やグリーンもある。

万願寺とうがらし
京都特産の辛みのない唐辛子で、ししとうと比べると大型で肉厚。種が少ないので丸ごと調理ができ、焼くと甘味が増し、ジューシーな味わいが楽しめる。

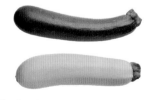

トマト・フルーツトマト
赤い色素のリコピンには高い抗酸化作用がある。フルーツトマト（写真右）は特定の品種ではなく、通常のトマトの栽培法を変え水分を抑えて完熟させることで糖度を高めている。

ズッキーニ
きゅうりに似ているが、かぼちゃの仲間。イタリア料理によく使われ、油との相性がよい。サンドイッチにするときは厚めに切り、食感が残るように調理するとよい。

なす
世界中で食されており、味付けと調理法で印象が大きく変わる。米なす（写真左）は加熱しても煮崩れしにくく、長なす（写真右）はとろりとやわらかい。

枝豆

枝豆という品種があるのではなく、大豆を未成熟な状態で収穫したもの。成熟させると大豆になる。大豆と同様に良質なたんぱく質が豊富に含まれる。

そら豆

豆類のなかでは大きく食べ応えがある。さやも薄皮もかたいので、皮をむいて食べるのが一般的だが、薄皮がやわらかくそのまま食べられる品種も。豆板醤に使われる豆でもある。

グリーンピース

えんどう豆の未熟な種子で、さやから実だけを出して食する。新鮮なものはほっくり甘く、栄養価も高い。冷凍品もおいしいので、スープや煮込み料理で大量に使うときに便利。

スナップえんどう

さやと実を両方食べられる品種で、さやは肉厚で程よい食感と甘味がある。筋はかたいので、丁寧に取る。塩ゆでにすると鮮やかな緑になり、甘さが引き立つ。

さやいんげん

いんげん豆を未熟なうちにさやごと収穫したもので、さやと実を丸ごと食べることができる。β-カロテンを多く含む夏野菜で、栄養価が高い。

モロッコインゲン

幅広の平らなさやの形状が独特な大型の品種。モロッコ原産ではなく商品名で、正式名称はひらさやいんげん。大きいがやわらかく、さやいんげんと同様に調理できる。

きのこ類

マッシュルーム

ヨーロッパ原産の肉厚のきのこ。新鮮なものは生食に向き、スライスしてサラダのトッピングによい。淡白な味わいのホワイト種に比べ、ブラウン種はやや濃厚な味わい。

舞茸

サルノコシカケ科らしい特有の形状で、香りと旨味が強い。きのこのなかでも特にβ-グルカンが豊富で、免疫力を高める効果が期待できる。

エリンギ

しっかりとした弾力がある独特の歯応えは、豊富に含まれる食物繊維によるもの。炒めても水分が出にくく、食感のアクセントになる。

しいたけ

日本を代表する食用きのこで、和食では様々な料理に用いられる。肉厚なものは食感がよく、複数のきのこと組み合わせてソテーにするとパンにも合う。

しめじ

肉質がかたく、適度な歯応えがある。あっさりとした味わいがどんな味付けにも合わせやすく、料理のジャンルを問わず使える。

えのきだけ

軸が細長い独特の形状で、味わいはあっさり。疲労回復に効果的なビタミンB1の含有量は特に多い。パンに合わせるなら、複数のきのこと組み合わせて使いたい。

香味野菜・ハーブ類

たまねぎ
独特のにおいと辛みは硫化アリルによるもの。生活習慣病の予防効果がある。春先に出回る新たまねぎ（写真右）は生食でも辛みが少なく、煮込むととろりと甘い。

葉たまねぎ
春先の限られた時季に出回る葉付きのたまねぎで、玉の部分がふくらみかけた早い段階で収穫される。玉の部分はみずみずしく、青い葉の部分も肉厚で甘味が強くクセがない。

紫たまねぎ
赤たまねぎともいう。辛みが穏やかでマイルドな味わいなので生食向きだが、加熱調理してもよい。アントシアニンを含み、酢と合わせると全体が赤く発色するのでピクルスにも。

ペコロス
直径3〜4cmの小さなたまねぎで、小たまねぎともいう。たまねぎを密植させることで小型化させたものと、もともと小さな品種がある。小さなサイズを生かして煮込み料理に向く。

にんにく
世界中で料理の香り付けに欠かせない薬用植物であり強壮剤としても広く利用されている。食欲を高める香りや辛みが特徴。

生姜
独特の辛みと香り成分は薬効が高く世界中で広く利用されている。すりおろして食材の下味に、みじん切りにして調理すると食感も楽しめる。

ホースラディッシュ
ローストビーフの付け合わせやソースの材料に欠かせない西洋わさび。粉わさびやチューブタイプの加工わさびの原料にもなっている。

長ねぎ
白ねぎ、根深ねぎとも呼ぶ。生だとシャキシャキとした食感だが、加熱するととろりと甘くなる。緑の葉はスープや煮込み料理の臭み消しにも活用できる。

九条ねぎ
京都特産の葉ねぎ。葉の内部に特有のぬめりがあり、加熱するととろりとやわらかく強い甘味が感じられる。バターで炒めるとパンによく合う。

ポロねぎ
西洋種で、西洋ねぎ、リーキともいう。太く、かたいが、加熱するととろりとやわらかく風味が増すので、スープや煮込み料理に向く。青い部分はブーケガルニに欠かせない。

セロリ
独特の香りとシャキシャキした歯応えが特徴の香辛野菜で、香り成分のアピインにはイライラを抑える働きがある。スープや煮込み料理に入れると特有の香りが楽しめる。

エシャロット
フランス料理に欠かせない香味野菜。ベルギーエシャロットともいう。ペコロスのような形状で内側は紫たまねぎに似た色み。細かく刻んでソースやディップに。

みょうが

日本では古くから食用されている、歴史の長い野菜。和食に合うさわやかな香りと軽快な歯触りが特徴。青じそや生姜との相性がよく、組み合わせて使っても。

バジル

イタリア料理には欠かせないハーブでトマトとの相性が特によい。そのまま使うほか、たっぷりの葉をペースト状にしたりオイル漬けにしたりしても。

パセリ

ちぢれた葉のパセリは濃いグリーンの彩りが美しく、付け合わせに使われることが多い。栄養価が高く、消化を高める作用があるので残さず食べたい。

イタリアンパセリ

平葉種のパセリはちぢれた葉のものと比べてクセがなく香りもさわやか。たっぷり刻んでソースやディップに合わせたい。

ディル

魚介との相性がよく、北欧や東欧でよく使われているハーブ。スープやピクルスの風味付けにもよく、やさしい風味は卵との相性もよい。

タイム

ブーケガルニに欠かせないハーブで、スープや肉料理など広く使われる。フレッシュな葉は香りが強く、少量でも香りのアクセントになる。

ローズマリー

スッキリとした強い香りが特徴で、羊肉や青魚の臭み消しに役立つ。じゃがいもやトマトとの相性もよく、にんにくと組み合わせると食欲をそそる味わいに。

セージ

ソーセージの由来ともなったハーブで、ヨーロッパでは定番。肉料理や魚料理に清涼感を添えるほか、クリームやバターなど乳製品との相性もよい。

青じそ

正式名称は青紫蘇。大葉という名称は流通の際の商品名が通称になったもの。薬味に使われる香辛野菜のなかでも群を抜いて栄養価が高い。パンにもよく合う。

ルッコラ

ロケットサラダともいう。ピリッとした辛みとごまのような香りが特徴で、抗酸化作用が強い。葉が細く切り込みが深いセルバチコ（写真右）は辛みが強い。

クレソン

β-カロテンとビタミンCが豊富な緑黄色野菜。ピリッとした辛みと清涼感ある香りが特徴で、肉料理との相性がよい。茎の部分の食感も楽しんで。

コリアンダー

中国では香菜（シャンツァイ）、タイではパクチーと呼ばれる。独特の香りが強く、好みが分かれる一方で近年人気が高まっている。デトックス効果も魅力。

温野菜の 下ごしらえ

野菜は用途に適した切り方や加熱方法を選びましょう。素材の持ち味を引き出すことで、食感や味わいが変わることを実感できます。

じゃがいも

ポテトサラダにする場合は、皮付きのまま切らずに加熱すると風味がよくほっくりと仕上がります。加熱時間を短縮したい場合は、切ってからゆでるか、少量なら電子レンジを使ってもよいでしょう。

【蒸す】

1 蒸し器の下段に湯を沸かし、皮ごとよく洗ったじゃがいもを上段に入れ中火で蒸す。

2 竹串がすっと通るまで、20分ほど加熱する。加熱時間はじゃがいものサイズや品種によって異なるので、確認して調節する。

3 熱いうちに手早く皮をむき、芽を取る。ペティナイフを使うとむきやすい。ポテトサラダやマッシュポテトにする場合は、必ず熱いうちにつぶす。

【ゆでる】

1 ピーラーで皮をむき、芽を取る。

2 水にさらして、表面のでんぷん質を流しておく。

3 水からゆでる。大きさを揃えると均一に火が入る。中火にかけ、沸いてきたら火を弱め、竹串がすっと通るまで加熱する。

【輪切り】

皮をむき、輪切りにする。じゃがいものでんぷん質を生かした料理(p.185参照)では、水にさらさず使う。ここではメークインを使用。

電子レンジで加熱する場合

じゃがいもを1、2個しか使わない場合は、電子レンジが手軽。じゃがいもを皮ごとよく洗い、水で湿らせたペーパータオルで包んでから、ラップで包む。600Wの電子レンジで5分半ほど加熱する。かたければ加熱時間を延ばす。

里芋

皮むき後、塩で軽くもみ、水からゆでると特有のぬめりが取れ、調味料が染み込みやすくなります。

1 皮に泥が付いているので、タワシなどを使いよく洗う。皮をむき、水にさらす。

2 厚さを揃えて輪切りにすると均一に火が通りやすい。軽く塩でもみ、流水で洗い表面のぬめりを取ってから調理する。

かぼちゃ

生の状態ではかたいので、包丁の扱い方や力加減に注意して切り分けましょう。4等分に切り分けた後は、断面を下にするとまな板の上で安定します。

1 ヘタの部分は特にかたいので、刃先を入れないように、大きめの包丁の刃の中央を使い半分に切る。断面を下にしてさらに半分に切る。

2 種とワタをスプーンで取る。揚げる場合は、ワタが残っていると焦げやすくなるのでしっかり取り除く。

3 断面を下にして、皮のかたい部分や変色しているところがあればそぎ落とす。

【薄切り】

断面を下にして片手でしっかり押さえて安定させてから、繊維の向きに沿って均一な厚さに切る。素揚げにする場合は7mmが目安。

【一口大カット】

4等分に切ったかぼちゃをさらに半分に切ってから、一口大に切る。

さつまいも

さつまいもは皮にも栄養素が多く含まれており、赤紫色が彩りを添えます。皮ごと調理が基本ですが、マッシュする場合は厚めに皮をむきます。

【スティック切り】

1 皮ごとよく洗い、両端を切り落として8mm厚さの斜め切りにする。厚さは用途によって変える。

2 さらに8mm幅に切る。切ったらすぐに水にさらす。

【角切り】

スティック切りにしたものをさらに8mm長さに切る。切ったらすぐに水にさらす。

【半月切り】

1 皮ごとよく洗い、両端を切り落として3cm厚さの輪切りにする。皮は厚めにむく。

2 さらに半分に切る。

3 切ったらすぐに水にさらす。

ブロッコリー

ブロッコリーのビタミンCは水溶性のため、ゆで時間が長いと溶け出してしまいます。加熱時間は最小限にしましょう。

1 太い茎と上部のつぼみのかたまりとを切り分ける。

2 つぼみの部分は大きく切り分け、さらに切り込みを入れてから手で裂き、大きさを揃える。

3 水を入れたボウルに入れ、ふり洗いする。

4 茎部分は、かたい根元と皮を切り落とし、小さな角切りにする。

5 鍋に湯を沸かし、塩（湯1ℓに小さじ2）を加えて、**3**と**4**をゆでる。ゆで時間は1分半〜2分が目安。

6 ザルにあげて水気を切る。つぼみ部分は裏返すようにすると水が切れやすい。

ズッキーニ

油との相性がよく、味わいはもちろん栄養の吸収力も上がります。皮と中身のバランスを考えて切ると、それぞれの食感の違いを楽しめます。

【輪切り】

両端は切り落とし、10mm程度の輪切りにする。フリッターや素揚げに向く。

【スティック切り】

半分の長さに切り、縦4等分に切る。皮のしっかりとした食感と、なかのジューシーさが楽しめる。

カリフラワー

【スライス】

ブロッコリーと形状が似ており、切り方は同じ。メニューによりスライスして使う。

にんじん

生食も加熱もそれぞれによさがあり、シンプルな調理でも印象が変わります。ゆでる、蒸す、揚げる、グリルなど、味の違いを楽しんで。

【角切り】

半分の長さに切ってから縦に5mm厚さに切り、さらに5mm幅の細切りにし、5mmの角切りにする。

【ピーラーで薄切り】

1 ピーラーで皮をむく要領でスライスする。にんじんを回転させながら、幅を揃えて切る。

2 耐熱ボウルに入れ、ふんわりとラップをし、600Wの電子レンジで1分半ほど加熱する。

グリーンアスパラガス

グリーンアスパラガスは食感が残る程度にさっとゆでます。根元に近い部分の皮はかたく筋があるので、ピーラーで薄くむいてから調理します。皮のかたさは、産地やサイズによって異なるので、必ず確認しましょう。

1 根元のかたい部分は切り落とす。切り落とす箇所は片方の手で中央を持ち、もう片方の手で根元を押さえて折り曲げて自然に折れるところが目安。

2 ピーラーで根元側のかたい皮を薄くむく。皮がやわらかいものは、根元から3〜5cmむくだけでもよい。鍋に入らなければ半分の長さに切る。

3 鍋に湯を沸かし、塩（湯1ℓに小さじ2）を加えて、アスパラガスをゆでる。2の皮を加えてもよい。ゆで時間は太さによって異なるが1分半〜2分が目安。

ホワイトアスパラガス

グリーンアスパラガスは食感を生かすのに対して、ホワイトアスパラガスはやわらかくなるまでしっかりとゆでることで特有のおいしさが味わえます。皮はかたいので、穂先以外は丁寧にむくのもポイントです。

1 根元のかたい部分は切り落とす。切り落とす箇所は、根元を持って折り曲げたときに自然に折れるところが目安。

2 ペティナイフでハカマ（三角の皮）を切り取る。穂先を残して、ピーラーで皮をむく。皮は捨てずに取っておく。

3 ひとつにまとめてたこ糸でしばる。しばることで鍋の中で立てられ、取り出しやすくゆで加減の調節がしやすくなる。

4 ホワイトアスパラガスが入るサイズの鍋に湯を沸かし、塩（湯1ℓに小さじ2）と皮を加える。3を立てて入れ、根元だけ3〜4分ゆでてから横にしてゆでる。

5 ペティナイフでかたさを確認する。刃がすっと入ればよい。火を止め、そのまま鍋に浸けたまま冷ます。

6 すぐに食べない場合は、ゆで汁ごと冷蔵庫に入れる。2〜3日保存可能。

ビーツ

生食もできますが、かたいので加熱する場合は時間をかけて。じっくり加熱すると特有の土臭さがやわらぎ甘味が増します。

1 皮ごとよく洗い、半分に切る。小ぶりな場合はそのままでもよい。

2 アルミホイルで包む。

3 180℃に予熱したオーブンで1時間ほど焼く。竹串がすっと通ればよい。

スナップえんどう

筋がかたいので、両側から丁寧に取りましょう。ゆで時間は短めにして、食感を残して。

1 ヘタを折り、そのまま引っ張って筋を取る。反対側も同様に取る。

2 鍋に湯を沸かし、塩(湯1ℓに小さじ2)を加えて1分半ほどゆでる。

3 カーブした側の筋があった部分からやさしく開くと、豆が交互に半分に別れる。豆らしい見た目が美しく、トッピングに向く。

さやいんげん

サンドイッチに使う場合はゆで時間は短めに。シャキッとした食感が楽しめます。

1 ヘタを折り、そのまま引っ張るようにして筋を取る。筋がない場合は、ヘタを包丁で切り落とす。

2 鍋に湯を沸かし、塩(湯1ℓに小さじ2)を加えて1分半ほどゆでる。

3 冷水に取ると色よく仕上がるが、水っぽさが残る。加熱時間が短い場合は、そのままザルにあげて冷ましても問題ない。

そら豆

豆はさやから出すと鮮度が落ちやすいので、さや付きのものを新鮮なうちに使いましょう。塩味をしっかり付けると素材の味が生きます。

1 さやから出し、薄皮にペティナイフで浅く切り込みを入れる。塩味が入りやすく、薄皮もむきやすくなる。

2 鍋に湯を沸かし、塩(湯1ℓに小さじ2)を加えて2分ほどゆでる。

ほうれん草

フランス料理では茎を取って葉だけを使う。葉を裏返し、茎を引っ張り葉脈をはがし取ると、やわらかく上品な味わいが楽しめる。

キャベツ

加熱すると甘味が増し、かさが減りやわらかな食感が楽しめます。煮込み料理には大きなまま大胆に使いましょう。

【くし形切り】

【角切り】

1 外葉を2枚ほどはがしてから、半分に切る。断面を下にして、さらに半分に切る。

2 芯を付けたまま、さらに半分に切る。煮込み料理に使用する。

葉を1枚ずつはがし、洗浄、水切り後に8mmの角切りにする。

長ねぎ

青い部分は取り、白い部分を用途に合わせて切る。青い部分はスープや煮込み料理に活用する。肉の臭み消しになる。

九条ねぎ

斜めに1cm幅に切る。バターソテーにしても存在感があり、九条ねぎならではの甘味が生きる。

にんにく

1片ずつに分けて、根元のかたい部分を切り落として皮をむく。縦半分に切り、ペティナイフで芯を取る。

ポロねぎ

青い葉が平たいV字形になっているのが特徴です。葉の部分に泥が入り込みやすいので、切り落として丁寧に洗いましょう。

1 青い葉の部分は切り取る。

2 葉を1枚ずつはがして流水で汚れを取る。水に浸けて丁寧に洗う。

3 白い部分は用途に合わせて切る。スープに入れる場合は小口切りに、マリネ用には4〜5cm長さに切る。

ブーケガルニ

香味野菜やハーブを束ねてたこ糸で結んだもので、フランス料理のスープや煮込み料理の香り付けに使います。ポロねぎの青い葉にハーブを包み込んで作る。束にすることで、調理後に手早く取り出せます。

材料(1本分)
ポロねぎの青い部分 …… 2枚
セロリの葉 …… 1本分
パセリの茎 …… 1本
ローリエ …… 1枚
タイム …… 1枝

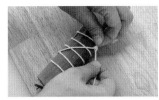

1 ポロねぎの青い部分にそのほかの材料をのせてくるむ。

2 たこ糸でしばる。

3 両端を切り落とす。

温野菜の # サラダ

基本のポテトサラダ

温野菜のサラダのなかでサンドイッチに欠かせないのがポテトサラダです。ポテトサラダと一言でいっても、使うじゃがいもの種類、味付け、組み合わせる食材によって様々なバリエーションがあります。じゃがいもそのものを味わうには、具のないプレーンタイプから試してみましょう。ここではパンとの相性を考えて、にんにくバターでコクと香りを加えてみました。

材料(作りやすい分量)
じゃがいも(加熱して皮をむき一口大に切る)
…… 300g
にんにくバター(p.50参照) …… 15g
マヨネーズ …… 20g
塩 …… 少々
白こしょう …… 少々

1 じゃがいもはボウルに入れ、熱いうちにポテトマッシャーで粗くつぶす。にんにくバターを加えて混ぜ合わせる。

2 じゃがいもの粗熱が取れたら、マヨネーズを加えて全体を混ぜ合わせる。

3 塩、白こしょうを加えて味を調える。好みでマヨネーズを足してもよい。

ポテトサラダ作りのポイント

じゃがいもの加熱方法 (p.18参照)
じゃがいもは加熱方法によっても味わいや食感が変わります。時間はかかりますが、おすすめは皮ごと蒸す方法。じゃがいもの旨味や栄養素が流れ出ることなく、ほっくりと仕上がります。圧力鍋で蒸してもよいでしょう。皮をむき、一口大に切ってからゆでるとやや水っぽくはなりますが、加熱時間を短縮できます。1、2個のじゃがいもで作る場合は、電子レンジが便利です。

じゃがいもの種類 (p.13参照)
素朴なポテトサラダにはほくほくした食感の男爵やキタアカリが向きます。ごろっと形を残したい場合には煮崩れしにくいメークインを使うとよいでしょう。男爵やメークインは白っぽく、キタアカリは黄色味があります。インカのめざめは鮮やかな黄色が特徴です。組み合わせる食材との色合いのバランスで選んでも。

じゃがいものつぶし方
じゃがいもは熱いうちに手早くつぶすと、ほくほくした食感が生かせます。じゃがいもが冷えると、強い粘りが出て食感が変わります。裏ごししたり、細かくつぶす場合は特に注意しましょう。

たまねぎを合わせるなら
ポテトサラダにひとつだけ野菜を合わせるなら、たまねぎを選びましょう。薄切りの生たまねぎを加えて食感と香りをプラスするのが基本です。コクと甘味を出したい場合は、あめ色に炒めたオニオンコンフィ(p.34参照)を選びましょう。フライドオニオン(p.59参照)は、手軽に使えて味わいが大きく変化します。出来立てはカリッとした食感が残っていますが、なじむとしっとりとして香ばしさとコクがプラスされます。

スライス玉ねぎ

オニオンコンフィ

フライドオニオン

昭和のポテトサラダ

マヨネーズ味で具だくさん。定番のポテトサラダは、昭和レトロな組み合わせと素朴な味わいに安心感があります。上質なハムを使うとちょっと贅沢な仕上がりです。食パンやバターロールにたっぷりはさむのがおすすめです。

1 じゃがいもに米酢、塩、白こしょうを合わせて粗くつぶしながら下味を付ける。じゃがいもはゴロッと形が残るところとマッシュされたところがあり、サイズが均一でない方が素朴な味わいが生かせる。じゃがいもが熱いうちに米酢をかけると味がなじむ。

材料(作りやすい分量)
じゃがいも(加熱して皮をむき一口大に切る)
…… 350g
たまねぎ(薄切り) …… 70g
きゅうり(薄切り・塩もみして水分をしぼる)
…… (正味)70g
にんじん(皮をむき加熱して3mmの半月切り)
…… 50g
ももハム(短冊切り) ……50g
マヨネーズ……50g
米酢(りんご酢や白ワインビネガーなど
好みの酢でも可) …… 大さじ1
塩 …… 少々
白こしょう …… 少々

2 じゃがいもの粗熱が取れたらマヨネーズと混ぜ合わせる。

3 たまねぎ、きゅうり、にんじん、ももハムを加えて、全体を混ぜ合わせる。味を見て、足りなければ塩、白こしょうを加えて調える。好みでマヨネーズを足してもよい。

彩りポテトサラダ

昭和のポテトサラダと似た組み合わせですが、じゃがいものつぶし方や、合わせる食材のサイズを変えることで繊細に仕上がります。薄いパンに上品に合わせたいポテトサラダです。

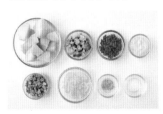

材料(作りやすい分量)
じゃがいも(加熱して皮をむき一口大に切る)
……350g
たまねぎ(みじん切りにし、600Wの電子レンジで
1分加熱) ……25g
ブロッコリー(塩ゆでして5mmの角切り) ……25g
にんじん(皮をむき加熱して5mmの角切り) …… 25g
ももハム(5mmの角切り) …… 25g
マヨネーズ……40g
塩……少々
白こしょう……少々

作り方
じゃがいもをつぶし、全ての材料と混ぜ合わせる。

コンビーフポテトサラダ

コンビーフとじゃがいも、にんにくと黒こしょうのアクセントを利かせて大人味に。それぞれの個性を生かすには、シンプルに仕上げましょう。

材料(作りやすい分量)
じゃがいも(加熱して皮をむき一口大に切る)
…… 250g
コンビーフ(粗くほぐす) …… 40g
マヨネーズ …… 40g
にんにくのコンフィ(p.55参照・みじん切り) …… 5g
塩 …… 少々
黒こしょう(粗挽き) …… 少々

作り方
じゃがいもをつぶし、全ての材料と混ぜ合わせる。

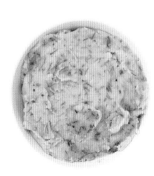

ニース風ポテトサラダ

ニース風サラダをアレンジしたポテトサラダは、ヴィネグレットソースで下味を付けるのがポイントです。ツナとアンチョビがアクセントになったメリハリのある味わいです。

材料(作りやすい分量)

じゃがいも(加熱して皮をむき
一口大に切る) …… 350g
ツナ(オイル漬け・水気を切る) …… 70g
ゆで卵(粗みじん切り) …… 1個
紫たまねぎ(薄切り) …… 30g
いんげん(塩ゆで・3cm長さに切る) …… 3本
ブラックオリーブ(種抜き・スライス) ……15g
アンチョビ(細かく刻む) …… 7g
マヨネーズ …… 40g
A　E.V.オリーブ油 …… 10g
　　白ワインビネガー …… 8g
　　塩 …… 小さじ1/4
　　白こしょう …… 少々
　　にんにくのコンフィ(p.55参照・みじん切り)
　　…… 少々

1 ヴィネグレットソースを作る。A
をボウルに入れ、泡立て器でよく
混ぜ合わせる。

2 じゃがいもをボウルに入れ、熱い
うちに1と合わせて粗くつぶす。

3 じゃがいもの粗熱が取れたらマヨ
ネーズと合わせ、そのほかの材料
と合わせる。

北欧風ポテトサラダ

ポテトサラダはベースの調味料を少し変えるだけで、印象を大きく変えられるのが魅力です。サワークリームとディルを合わせた北欧風の味わいは、スモークサーモンとよく合います。

材料(作りやすい分量)

じゃがいも
(加熱して皮をむき一口大に切る) …… 400g
マヨネーズ …… 35g
サワークリーム …… 35g
ディル(葉をちぎる) …… 少々
塩 …… 小さじ1/2
白こしょう …… 少々

作り方

じゃがいもをつぶし、全ての材料と混ぜ合わせる。

肉じゃがサラダ

マヨネーズはどんな食材もサラダに変えてくれます。定番のお惣菜、肉じゃがもマヨネーズと合わせるだけで煮物からサラダに変身します。

材料(作りやすい分量)

肉じゃが※ …… 500g
マヨネーズ …… 50g

作り方

全ての材料を混ぜ合わせる。

※肉じゃが(作りやすい分量)
鍋にサラダ油大さじ1を熱し、中火で牛肉の切り落とし300gをさっと炒める。じゃがいも(皮をむき一口大に切る)500g、たまねぎ(くし形切り)160g、にんじん(7mmの半月切り)100g、しょうゆ大さじ3、みりん大さじ2を加えて混ぜ合わせ、蓋をして弱火で蒸し煮にする。じゃがいもがやわらかくなったら、仕上げにみりん大さじ1を加え、全体を混ぜ合わせて軽く煮詰める。

ブランダード

"ブランダードBrandade"は干しタラで作るフランスのラングドック地方やプロヴァンス地方の郷土料理です。塩タラを使い、じゃがいもを多めにすると気軽に使えます。

材料（作りやすい分量）

じゃがいも（加熱して皮をむき
一口大に切る）…… 250g
にんにくのコンフィ
（p.55参照・みじん切り）……10g
塩 …… 少々
白こしょう …… 少々
E.V.オリーブ油 ……大さじ2
A 塩タラ（切り身）……180g
　牛乳 …… 1/4カップ
　ローリエ …… 1枚
　タイム …… 1枝

1 Aを鍋に入れ、塩タラがひたひたになる程度に水を加える。塩タラに火が通るまで中火で5分ほど加熱する。塩タラはザルにあげて余分な水分を切り、皮と骨を取り除き、粗くほぐす。

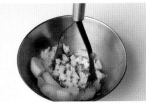

2 じゃがいもは熱いうちにポテトマッシャーでつぶす。なめらかに仕上げたい場合は、裏ごししてもよい。

3 1、にんにくのコンフィ、E.V.オリーブ油を加えて混ぜ合わせ、塩、白こしょうで味を調える。

タラモサラダ

たらことじゃがいもを組み合わせた造語のようですが、ギリシャやトルコ発祥の魚卵のサラダのことで、正しくは"タラモサラタＴαραμοσαλάτα"といいます。酸味の効いたさわやかな味わいが特徴です。

材料（作りやすい分量）

じゃがいも（加熱して皮をむき
一口大に切る）…… 200g
たらこ（薄皮を取る）…… 80g
たまねぎ（みじん切り）…… 30g
レモン果汁 …… 大さじ1
塩 …… 小さじ1/4
白こしょう …… 少々
E.V.オリーブ油 …… 大さじ2

1 じゃがいもは熱いうちに手早く裏ごしする。

2 写真のように、さっくりと裏ごしできているとよい。

3 ほかの材料と混ぜ合わせる。味を見て、足りなければ塩、白こしょうを加えて調える。

基本のかぼちゃサラダ

かぼちゃの自然な甘味とほっくりとした食感を生かしたサラダは、たまねぎ
ドレッシングの下味がポイントです。酸味とコクが合わさることで、シンプ
ルながらも味わい深く仕上がります。

材料(作りやすい分量)
かぼちゃ(一口大に切る) …… 250g
たまねぎドレッシング(p.47参照)
……25g
マヨネーズ …… 25g
塩 …… 少々
白こしょう …… 少々

1 かぼちゃは耐熱ボウルに入れ、水
大さじ1をかけてふんわりとラッ
プをする。600Wの電子レンジで
5分ほど加熱する。

2 いったん取り出してかぼちゃがか
たければ、30秒ずつ加熱する。
やわらかくなったら、余分な水気
を切る。

3 かぼちゃが熱いうちにたまねぎド
レッシングと合わせる。粗熱が取
れたらマヨネーズと混ぜ合わせ、
塩、白こしょうで味を調える。

ベーコンとフライドオニオン入りかぼちゃサラダ

ベーコン、フライドオニオン、にんに
くのコクで、かぼちゃの甘味を生かし
つつ大人っぽい味わいに。黒こしょう
のアクセントも効果的で、ひとつひと
つの素材の力を実感できます。

材料(作りやすい分量)
かぼちゃ(基本のかぼちゃサラダと同様に
加熱する) …… 200g
ベーコン(5mm幅に切りカリカリに
ソテーする) …… 10g
フライドオニオン(市販品) …… 5g
にんにくマヨソース(p.49参照) …… 40g
塩 …… 小さじ1/8
白こしょう …… 少々
黒こしょう(粗挽き) …… 小さじ1/8

作り方
全ての材料を混ぜ合わせる。

パンプキン＆クリームチーズ

かぼちゃのなめらかさはクリームチー
ズと好相性。レーズンの甘味と酸味、
かぼちゃの種の食感、黒こしょうの刺
激が合わさることで、変化のある味わ
いが楽しめます。

材料(作りやすい分量)
かぼちゃ(基本のかぼちゃサラダと同様に
加熱する) …… 85g
クリームチーズ …… 85g
レーズン …… 20g
かぼちゃの種 …… 8g
塩 …… 少々
黒こしょう(粗挽き) …… 小さじ1/4

作り方
かぼちゃをつぶしながら、全ての材料を
混ぜ合わせる。

おさつバターペースト

はちみつ&バターで甘味とコクをプラスしたさつまいもに、たっぷりの黒こしょうがよく合います。少量の塩も大切なアクセント。ベーコンや白カビチーズと合わせるのがおすすめです。

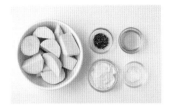

材料(作りやすい分量)
さつまいも(皮をむき3cmの半月切り)
…… 300g
無塩バター …… 30g
はちみつ …… 20g
塩 …… 小さじ1/8
黒こしょう(粗挽き) …… 小さじ1/4

1 さつまいもは鍋に入れ、水からゆでる。竹串がすっと通るくらいやわらかくなったらザルにあげて水気を切る。

2 さつまいもが熱いうちにつぶす。

3 無塩バターと混ぜ合わせてから、はちみつ、塩、黒こしょうを加えて味を調える。

さつまいもの粒マスタードサラダ

さつまいもの甘味をはちみつで底上げしつつ、粒マスタードとにんにくで引き締めることで大人味に仕上がります。小さく切ったさつまいもは、ゆですぎず食感を残すのがポイントです。

材料(作りやすい分量)
さつまいも(皮をむき8mmの角切り)
…… 300g
にんにくマヨソース(p.49参照) …… 20g
はちみつ …… 15g
粒マスタード …… 10g
塩 …… 少々

作り方
さつまいもと水適量を鍋に入れ、さつまいもの食感が軽く残る程度に煮崩れないようにゆで、水気を切る。粗熱が取れたら、調味料を加えて混ぜ合わせる。

キャベツのホットサラダ

蒸しキャベツの味わいを生かしたシンプルなサラダは、やわらかく甘い春キャベツで作ると格別です。加熱しすぎると色が悪くなるので注意しましょう。

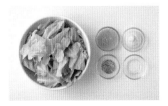

材料(作りやすい分量)
キャベツ …… 150g
塩 …… 少々
白こしょう …… 少々
A | にんじんドレッシング(p.47参照)
　　| …… 15g
　　| マヨネーズ …… 15g

作り方
キャベツは大きめのざく切りにし、耐熱ボウルに入れ、塩、白こしょうをふり、ふんわりとラップをかける。600Wの電子レンジで2分半ほど加熱する。水気を切り、**A**と合わせる。

里芋ペースト

里芋ならではのねっとりとした食感と、白味噌マスタードのアクセントが
新鮮です。和風の料理に限らず、サンドイッチのベースとして広く活用で
きます。

材料（作りやすい分量）
里芋（皮をむき輪切り）……250g
白味噌マスタード（p.51参照）……30g
マヨネーズ……30g
塩……少々
白こしょう……少々

1 里芋は鍋に入れ、ひたひたになる
程度に水を加えて竹串がすっと通
るくらいやわらかく煮る。ザルに
あげて水気を切る。

2 里芋が熱いうちにポテトマッシャ
ーでつぶす。

3 白味噌マスタード、マヨネーズと
混ぜ合わせ、塩、白こしょうで味
を調える。

里芋と鶏そぼろのサラダ

だしの香る里芋はねっとりと味わい深く、ねぎ味噌風味の鶏そぼろとよく合
います。こんな和惣菜もマヨネーズと一緒にパンに合わせることで、サラダ
風にまとまります。

材料（作りやすい分量）
里芋（皮をむき輪切り）…… 200g
鶏挽き肉 …… 150g
ねぎ味噌（p.36参照）…… 100g
しょうゆ …… 小さじ1
だし汁（昆布とかつおの合わせだし）…… 適量

1 フライパンに鶏挽き肉を入れ、ボ
ロボロになるまで炒めたら、ねぎ
味噌としょうゆを加えて炒め合わ
せる。

2 里芋は鍋に入れ、ひたひたになる
程度にだし汁を加えて煮る。竹串
がすっと通るくらいやわらかくな
ったらザルにあげて水気を切る。

3 里芋が熱いうちにポテトマッシャ
ーでつぶし、1と混ぜ合わせる。

カリフラワーのサブジサラダ

インドで親しまれているスパイシーな野菜の炒め煮は、カリフラワーのほか、じゃがいもやかぼちゃでも作れます。マヨネーズを少量加えることで、サンドイッチフィリングとしても楽しめます。

材料(作りやすい分量)
カリフラワー(小房に分けて縦にスライス) …… 220g
カリフラワーの葉(8mmの角切り) …… 50g
生姜(みじん切り) …… 8g
にんにくのコンフィ
(p.55参照・みじん切り) …… 2g
マヨネーズ …… 30g
カレー粉 …… 小さじ2
クミンシード …… 小さじ1/2
カイエンペッパー …… 少々
塩 …… 小さじ1/4
白こしょう …… 少々
E.V.オリーブ油 …… 大さじ2

1 鍋にE.V.オリーブ油、生姜、にんにくのコンフィ、カレー粉、クミンシード、カイエンペッパーを入れて香りが出るまで中火で炒める。

2 カリフラワーとカリフラワーの葉を加えて炒め合わせる。塩、白こしょうをふり、蓋をして中火で蒸し焼きにする。

3 カリフラワーに火が通ったらボウルに移して粗熱を取り、マヨネーズと混ぜ合わせる。味を見て足りなければ、塩、白こしょうを加えて調える。

ブロッコリーサラダ

ブロッコリーの食感と香りを楽しむサラダは、彩りを生かすため、ゆですぎないようにしましょう。シンプルな味わいなので組み合わせる食材やソースを選びません。

材料(作りやすい分量)
ブロッコリー(塩ゆで) …… 80g
マヨネーズ …… 20g
塩 …… 少々
白こしょう …… 少々

作り方
ブロッコリーは7mm角を目安に切る。茎は小さめに、つぼみは大きめでもよい。ボウルに入れてマヨネーズと合わせ、塩、白こしょうで味を調える。

コーン&コーンサラダ

ホールコーンをコーンクリームでつないだ、9割コーンでできたサラダです。にんにくマヨソースと黒こしょうのアクセントで、コーンそのものの味わいが引き立ちます。

材料(作りやすい分量)
ホールコーン(缶詰・ザルにあげ水気を切る) ……120g
コーンクリーム(缶詰) …… 60g
にんにくマヨソース(p.49参照) …… 20g
黒こしょう(粗挽き) ……小さじ1/4弱

作り方
ボウルに全ての材料を入れて混ぜ合わせる。

温野菜の ペースト

きのこのデュクセル

みじん切りにしたきのことエシャロットをバターで炒めて作る"デュクセル Duxelles"は、フランス料理では肉料理の詰め物やソースに使います。きのこの旨味がギュッと凝縮されているので、このままパンに塗るだけでも美味。バターと合わせて、サンドイッチのベースとしても活用できます。

材料（作りやすい分量）
きのこ（ブラウンマッシュルームと
舞茸を合わせて）…… 250g
エシャロット（みじん切り）…… 50g
無塩バター …… 30g
白ワイン …… 大さじ2
塩 …… 小さじ1/4
白こしょう …… 少々

1 ブラウンマッシュルームは水で濡らしたペーパータオルで表面の汚れをやさしく拭き、石突きを切ってから、一口大に切る。舞茸は根元のかたい部分を切り、手で小房に分ける。

2 1をフードプロセッサーでみじん切りにする。このとき、一気に攪拌せず、スイッチを1〜2秒間隔で入れる、切るをくり返しながらみじん切りにする。スイッチを長押しするとペースト状になってしまう。フードプロセッサーがない場合は包丁で刻む。

3 フライパンに無塩バターを中火で熱し、無塩バターが溶けたら、エシャロットを加えて、しんなりするまで炒める。

4 2を加え、中火のままじっくりと炒める。混ぜすぎないように、軽く焼き色が付いたら返すようにしてきのこの水分を飛ばす。

5 きのこが黒っぽくまとまってきたら、白ワイン、塩、白こしょうを加えてさらに炒める。

6 余分な水分が飛んでしっとり凝縮してきたら味を見る。足りなければ、塩、白こしょうを足して調える。冷蔵で1週間程度保存可能。ジッパー付きの保存袋で密閉して冷凍してもよい。

なすのキャビア

フランスで親しまれているなすのペーストは、なすの黒い種をキャビアに見立てているといわれ、貧乏人のキャビアと呼ばれることも。オリーブ油とレモンでさっぱり仕上げるのでサラダ感覚で食べられます。なすは切らずに皮ごとグリルで焼いてから、焼きなすのように皮をむいて作ることもできます。

材料（作りやすい分量）
なす（加熱して皮を取ったもの）…… 4本分（正味250g）
にんにくのコンフィ（p.55参照・みじん切り）…… 5g
レモン果汁 …… 小さじ2
塩 …… 小さじ1/4
白こしょう …… 少々
E.V.オリーブ油 …… 大さじ3

1 なすは皮ごと縦半分に切り、皮を切らないように断面に格子状に切り込みを入れる。断面を上にしてバットに並べ、E.V.オリーブ油大さじ1をかける。

2 220℃に予熱したオーブンに入れ、25分焼く。なすの実をスプーンでこそげ出して計量し、みじん切りにする。

3 フライパンにE.V.オリーブ油大さじ2、にんにくのコンフィ、**2**を入れて中火で炒める。水分が飛んでまとまってきたら、レモン果汁、塩、白こしょうを加えて味を調える。冷蔵で2〜3日保存可能。

カリフラワーペースト

カリフラワーの素朴な味わいが楽しめる白いペーストは、バターとナツメグの香りがアクセント。ベシャメルソースの代わりに、クロック・ムッシュやグラタンに使うと、コクがありながらさっぱりとした後味のヘルシーな味わいに仕上がります。

材料（作りやすい分量）
カリフラワー（小房に分けて縦にスライス）…… 1個（450g）
たまねぎ（薄切り）…… 80g
無塩バター …… 50g
ナツメグ …… 少々
塩 …… 小さじ1/4
白こしょう …… 少々

1 鍋に無塩バターを入れて中火で熱し、無塩バターが溶けたらたまねぎを加え、しんなりするまで炒める。

2 カリフラワーを加えて炒め合わせ、ナツメグ、塩、白こしょうで調味する。水1/2カップを加え、蓋をして5分ほど蒸し煮にする。蓋を取り、火を強めて余分な水分を飛ばす。

3 火からおろして粗熱が取れたらフードプロセッサーで撹拌し、ペースト状にする。冷蔵で2〜3日保存可能。ジッパー付きの保存袋で密閉して冷凍してもよい。

オニオンコンフィ

煮込み料理のコク出しや、サンドイッチのアクセントに使えるあめ色たまねぎはストックしておくと料理の幅が広がります。ここでは電子レンジも活用し、短時間で作る方法を紹介します。

材料（作りやすい分量）
たまねぎ（繊維と直角に薄切り）※
…… 500g（大2個分）
無塩バター …… 30g
塩 …… 小さじ1/3

※たまねぎは縦半分に切り、繊維と直角に薄くスライスする。繊維を断ち切ることで水分が出やすくなる。また、スライサーを使うと厚みが均一になり、加熱のムラが出にくい。

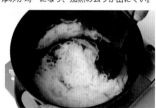

1 たまねぎは耐熱ボウルに入れてふんわりとラップをかけ、600Wの電子レンジで10分加熱する。ラップを取る時に蒸気が一気に出てくるのでやけどに注意する。

2 鍋に無塩バターを入れて中火で熱し、無塩バターが溶けたら1と塩を入れて炒める。たまねぎとバターがなじんだら、鍋底に平らにならして加熱する。

3 鍋底のたまねぎに焼き色が付いたら、水を大さじ2程度加えて木べらで鍋底の焼き付きをこそげ落とし、全体を混ぜ合わせる。この作業を12〜14分程度くり返すことで、短時間で全体があめ色に色付く。全体が茶色く色付いてきたら、さらに炒めて余分な水分を飛ばす。

＊冷蔵で1週間程度保存可能。ジッパー付きの保存袋で密閉して冷凍してもよい。

レッドオニオンチャツネ

キャラメリゼした"紫たまねぎのチャツネCaramelised Red Onion Chutney"はイギリスではサンドイッチに欠かせない具材のひとつです。甘酸っぱく煮込まれた紫たまねぎの味わいが新鮮で、シンプルなハム＆チーズサンドイッチに合わせるだけでワンランク上のおいしさに仕上がります。

材料（作りやすい分量）
紫たまねぎ（繊維と直角に薄切り後、2cm幅に切る）…… 500g（大2個分）
きび砂糖 …… 100g
赤ワインビネガー …… 大さじ4
バルサミコ酢 …… 大さじ1
マスタードシード …… 小さじ1/2
塩…… 小さじ1/4
太白ごま油（サラダ油でも可）……大さじ1

1 紫たまねぎは耐熱ボウルに入れて塩と合わせる。ふんわりとラップをかけ、600Wの電子レンジで10分加熱し、太白ごま油と混ぜ合わせる。

2 鍋にきび砂糖と水大さじ1を入れて中火にかける。きび砂糖が溶けてきたら軽く混ぜながら、キャラメル状になるまで加熱し、1を加えて手早く混ぜ合わせる。

3 赤ワインビネガー、バルサミコ酢、マスタードシードを加えて余分な水分が飛ぶまで混ぜながら中火で加熱する。煮沸消毒した保存瓶に入れ、冷蔵庫で保存する。

にんじんペースト

にんじんはじっくりと蒸すことで、しっとりやわらかくなり甘味が増します。生クリームと合わせただけの簡単レシピですが、ムースのような上品な味わいで前菜の一品としても活用できます。

材料(作りやすい分量)
にんじん …… 200g
生クリーム(乳脂肪分42%)
…… 1/2カップ
塩 …… 少々
白こしょう …… 少々

1 にんじんは皮をむき、3等分の長さに切り、太い部分はさらに縦半分に切る。竹串がすっと通るまでやわらかく蒸す。

2 生クリームと合わせてフードプロセッサーまたはハンドブレンダーで攪拌し、ペースト状にする。塩、白こしょうを加えて味を調える。

枝豆ペースト

枝豆をつぶしてオリーブ油とレモン果汁を合わせるだけのお手軽ペースト。そら豆やグリーンピースでもアレンジできます。クリームチーズやカッテージチーズと合わせてアレンジしてもよいでしょう。

材料(作りやすい分量)
枝豆 …… (正味)100g
レモン果汁 …… 大さじ1
塩 …… 少々
白こしょう …… 少々
E.V.オリーブ油 …… 大さじ2

1 枝豆は塩ゆでしてさやから出し、さらに薄皮をむいて計量する。

2 E.V.オリーブ油とレモン果汁と合わせてフードプロセッサーまたはハンドブレンダーで攪拌し、ペースト状にする。塩、白こしょうを加えて味を調える。

そら豆クリームチーズ

黒こしょうのピリッとした刺激と、さわやかなミントの香りがアクセント。そら豆特有の風味とクリームチーズのバランスがよく、これだけでパンが進みます。

材料(作りやすい分量)
そら豆(塩ゆでして薄皮をむく)
…… 150g
クリームチーズ …… 100g
ミント …… 適量
レモン果汁 …… 小さじ1/4
塩 …… 少々
黒こしょう(粗挽き) …… 小さじ1/4

1 クリームチーズは常温に戻し、そら豆、レモン果汁、塩、黒こしょうを加えて混ぜ合わせる。

2 ミントを粗く刻み、1と混ぜ合わせる。

ふき味噌

日本の春の味覚。ほろ苦さが大人っぽいふき味噌はご飯のおともに最適ですが、パンにもよく合います。使う味噌によって味わいが変わるので、味噌は少しずつ加えて味を調節しましょう。和風サンドイッチの隠し味に活用できます。

材料(作りやすい分量)
ふきのとう …… 100g
味噌 …… 70g
みりん …… 大さじ3
ごま油 …… 大さじ1

1 ふきのとうは根元のかたい部分を切り落とし、汚れた外葉は取る。熱湯で2分ほどゆでてザルにあげ、水気をしぼり、細かく刻む。

2 味噌とみりんを混ぜ合わせる。

3 フライパンにごま油を熱し、1を加えて中火で炒めて油をなじませる。2を加えて炒め合わせ、水分が飛んできたら味を見て、甘味が足りない場合はみりん(分量外)を加えて調味する。
＊冷蔵庫で10日程度保存可能。ジッパー付きの保存袋で密閉して冷凍してもよい。

ねぎ味噌

生姜のアクセントを加えたねぎ味噌は、パンにはもちろん、チーズやハムとも相性がよく、使い勝手のよい一品です。使う味噌によって味わいが変わるので、味噌やみりんの量を調節しましょう。

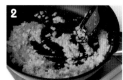

材料(作りやすい分量)
長ねぎ(白い部分をみじん切り) …… 140g
生姜(みじん切り) …… 25g
味噌 …… 80g
みりん …… 大さじ2
きび砂糖 …… 10g
ごま油 …… 小さじ2

1 味噌、みりん、きび砂糖を混ぜ合わせる。

2 フライパンにごま油を熱し、長ねぎと生姜を加えて中火で炒める。長ねぎと生姜がしんなりして香りが出てきたら1を加えて炒め合わせる。
＊冷蔵で10日程度保存可能。ジッパー付きの保存袋で密閉して冷凍してもよい。

枝豆あん

東北地方では「ずんだ」と呼ばれ、和スイーツに使われることの多いペーストはパンとも好相性。枝豆の粒感が残る程度に仕上げるのがおすすめです。

1 枝豆とグラニュー糖をフードプロセッサーまたはハンドブレンダーで攪拌し、ペースト状にする。

材料(作りやすい分量)
枝豆(塩ゆでして薄皮をむく) …… 200g
グラニュー糖 …… 50g

粒あん

日本の菓子パンに欠かせないあんは自家製にするとかたさや甘味を調節できるのが魅力です。小豆は前日から浸水する必要がないので、思い立ったらすぐに作れます。日持ちはしないので、保存する場合は冷凍しましょう。

材料（作りやすい分量）
小豆（乾物） …… 250g
きび砂糖 …… 250g
塩 …… 2g

1 小豆はザルに入れ、流水で洗う。鍋に入れ、たっぷりの水（1ℓ程度）を加えて中火にかける。沸騰してから15分ほどゆで、ザルにあげて水気を切る。

2 鍋をよく洗ってから1を戻し、水1ℓを加える。中火にかけ、アクをすくいながら30分ほど煮る。

3 小豆がやわらかくなり、煮汁にとろみが付くまで煮る。小豆を指でつぶして抵抗なくつぶれるくらいやわらかくなったら火を止める。

4 蓋をして30分ほど蒸らす。こうすることで小豆全体に均一に火が入る。

5 きび砂糖を加え、木べらでかき混ぜながら、弱めの中火で煮る。煮汁がなくなるまで炊き、仕上げに塩を加える。

6 冷めるとかたくなるので、少しやわらかめの状態で火を止める。

簡単白あん

本格的な白あん作りは、豆の皮を取ったり裏ごししたり手間がかかります。市販の白いんげん豆の水煮をフードプロセッサーにかけるだけで気軽に作れる簡単レシピは、本格和菓子には向きませんがパン用にはおすすめです。

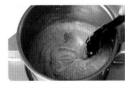

材料（作りやすい分量）
白いんげん豆の水煮（市販品）
…… 230g
きび砂糖…… 70g
（白いんげん豆の重量の約30%）

1 白いんげん豆の水煮は水気を切り、フードプロセッサーまたはハンドブレンダーで攪拌し、ペースト状にする。

2 1ときび砂糖を鍋に入れて混ぜ合わせる。白いんげん豆ときび砂糖がなじむまで15分ほどおく。弱めの中火にかけ、木べらでかき混ぜながらツヤが出るまで練る。

フムス

中東料理の前菜"メゼ"の代表的な一品で、ひよこ豆で作るペーストです。欧米ではヘルシーなヴィーガンメニューとして人気が広がり、様々なバリエーションがあります。ひよこ豆の水煮を使えば、フードプロセッサーにかけるだけで簡単に作れます。植物性食材だけでもまろやかなコクがあり、スパイシーで食欲のわく味わいです。バターやマヨネーズの代わりにパンにたっぷり塗れば、野菜だけでも食べ応えのあるサンドイッチになります。

材料（作りやすい分量）
ひよこ豆の水煮（市販品）※
……（水気を切った状態で）230g
タヒニ（p.57参照）…… 30g
にんにくのコンフィ（p.55参照）…… 5g
レモン果汁 …… 大さじ2
クミンパウダー …… 小さじ1
塩 …… 小さじ1
白こしょう …… 少々
E.V.オリーブ油 …… 大さじ4
ひよこ豆の煮汁 …… 大さじ2〜3

※乾燥ひよこ豆を使う場合は、たっぷりの水に一晩浸けてから、ひよこ豆の3倍の重量の水でやわらかくなるまで40分ほどゆでる。

1 ひよこ豆の煮汁以外の材料をフードプロセッサーに入れて撹拌する。

2 全体がなめらかになったら、ひよこ豆の煮汁を加えてかたさを調節する。

3 用途に合わせて、パンに塗りやすいかたさに仕上げる。サンドイッチ用には、水分が多すぎない方が扱いやすい。そのままパンに塗って食べる場合は、ゆるめに仕上げてもよい。

ビーツフムス

材料（作りやすい分量）
ひよこ豆の水煮（市販品）※
……（水気を切った状態で）180g
ビーツの水煮（市販品）
……（水気を切った状態で）100g
タヒニ（p.57参照）……30g
にんにくのコンフィ（p.55参照）
…… 5g
レモン果汁 …… 大さじ2
クミンパウダー …… 小さじ1
塩 …… 小さじ1
白こしょう …… 少々
E.V.オリーブ油 …… 大さじ4
ビーツの煮汁 …… 大さじ2〜3
作り方
基本のフムスと同様に、フードプロセッサーで撹拌してなめらかにする。

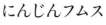

にんじんフムス

材料（作りやすい分量）
ひよこ豆の水煮（市販品）※
……（水気を切った状態で）180g
にんじん（ゆでるか蒸す）…… 100g
タヒニ（p.57参照）…… 30g
にんにくのコンフィ（p.55参照）
…… 5g
レモン果汁 …… 大さじ2
クミンパウダー …… 小さじ1
塩 …… 小さじ1
白こしょう …… 少々
E.V.オリーブ油 …… 大さじ4
ひよこ豆の煮汁 …… 大さじ2〜3
作り方
基本のフムスと同様に、フードプロセッサーで撹拌してなめらかにする。

温野菜の 衣揚げ

ファラフェル

フムスと同様に中東の広い地域で親しまれているひよこ豆のコロッケで、ピタパンサンドの具材としても人気です。ひよこ豆のほっくりした食感とスパイスの香りが新鮮で、野菜だけでも満足度の高い一品です。乾燥ひよこ豆は水に戻しただけの状態で作るのがポイントで、水煮のものを使うと揚げる際に崩れるので注意しましょう。

材料(作りやすい分量)
乾燥ひよこ豆 …… 200g
たまねぎ(粗みじん切り)
…… 1/2個(100g)
にんにくのコンフィ(p.55参照) …… 1片
A イタリアンパセリ(みじん切り)
　…… 大さじ2
　クミンパウダー …… 小さじ1
　コリアンダーパウダー …… 小さじ1/4
　塩 …… 小さじ1
　白こしょう …… 少々
揚げ油 …… 適量

1 乾燥ひよこ豆はたっぷりの水に一晩浸け、水気を切る。フードプロセッサーにひよこ豆、たまねぎ、にんにくのコンフィを入れて粗く粉砕し、**A**を加えてさらに攪拌し、粒が残る程度のペースト状にする。

2 25gを目安に一口大に丸める。このまま揚げるので、崩れないようにギュッと強く握るように丸める。

3 180℃に熱した油で、表面がこんがりと色付くまで5分ほど揚げる。

ヨーグルトソース(ファラフェル用)

ヨーグルトとごまの香りがマッチしたさっぱりとしたソースは、ファラフェルのおいしさを引き立てます。ファラフェルにたっぷり添えれば、これだけでパンに合う一皿に。

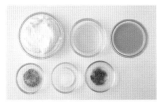

材料(作りやすい分量)
プレーンヨーグルト …… 60g
タヒニ(p.57参照) …… 30g
レモン果汁 …… 小さじ1
クミンパウダー
…… 小さじ1/8
塩 …… 小さじ1/4
白こしょう …… 少々
作り方
全ての材料を合わせ、よく混ぜる。

ひよこ豆の煮汁の活用法

世界的にヴィーガンメニューが広がるなか、良質なたんぱく質源として豆の人気が高まっています。フムスやファラフェルは中東の伝統食で、そのもののおいしさが認められる一方で、新しいメニューも続々と登場しています。豆の煮汁は"アクアファバAquafaba"と呼ばれ、卵白の代用品として注目されています。とろりとした煮汁は泡立てると卵白のようにふわふわに。砂糖を加えて焼き上げると、ヴィーガンメレンゲとして楽しめます。市販の水煮缶の煮汁は特に泡立てやすいので、ぜひ活用してみてください。

ひよこ豆のヴィーガンメレンゲ
材料(作りやすい分量)
ひよこ豆の煮汁(市販のひよこ豆の水煮のもの) ……100g
グラニュー糖 …… 130g
レモン果汁 …… 小さじ1
※乾燥豆の煮汁の場合は、煮詰めてとろみを付けると泡立ちやすくなります。
作り方
1 ボウルにひよこ豆の煮汁を入れ、ハンドミキサーで泡立てる。全体が白くふんわりとしてきたら、グラニュー糖を少しずつ加え、レモン果汁を入れ、かたい角が立つ程度に泡立てる。
2 天板にオーブンシートを敷く。1を丸い口金を付けた絞り袋に入れ、一口大に絞る。
3 120℃に予熱したオーブンで1時間焼く。加熱時間が終わっても取り出さず、そのまま冷めるまでおく。

ポテトコロッケ

具はじゃがいもとたまねぎ、味付けは塩こしょうだけ。挽き肉が入らないシンプルなコロッケは素材そのものを堪能できます。じゃがいものおいしさを支えるのが新たまねぎ。じっくり炒めることでとろりと甘味が増し、味に奥行きが出ます。

材料（8個分）
じゃがいも（皮ごと蒸して皮をむく）…… 500g
新たまねぎ（薄切り）…… 150g
塩 …… 小さじ1/2弱
白こしょう …… 少々
E.V.オリーブ油 …… 大さじ2
バッター液（p.41参照）…… 2単位分
パン粉 …… 適量
揚げ油 …… 適量

1 鍋にE.V.オリーブ油と新たまねぎを入れ中火で炒める。蓋をして、やわらかくなるまで弱火で蒸し煮にする。

3 8等分に分け、ラグビーボール状に丸める。バッター液にくぐらせ、パン粉を付ける。

2 じゃがいもは熱いうちにポテトマッシャーで粗くつぶし、1、塩、白こしょうを加えて混ぜ合わせる。

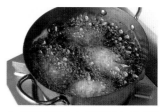

4 180℃に熱した揚げ油で、衣が色付くまで3分ほど揚げる。

キャベツメンチかつ

キャベツがたっぷり入ったメンチかつは、野菜の方が多いので食べ応えがありながらも重すぎずヘルシーな味わいです。春キャベツの時季には特におすすめです。

材料（8個分）
キャベツ（12mmの角切り）…… 250g
合挽き肉 …… 200g
たまねぎ（粗みじん切り）…… 50g
卵 …… 1/2個（30g）
パン粉（肉だね用）…… 15g
塩 …… 小さじ1/4
白こしょう …… 少々
バッター液（p.41参照）…… 2単位分
パン粉（衣用）…… 適量
揚げ油 …… 適量

1 キャベツに塩少々（分量外）をふり、もみ込む。10分ほどおき、水分を軽くしぼる。

3 8等分に分けて丸め、円盤状にする。バッター液にくぐらせ、パン粉を付ける。

2 ボウルに合挽き肉、たまねぎ、卵、パン粉、塩、白こしょうを入れ、粘りが出るまで練り合わせてから、1と混ぜ合わせる。

4 160℃に熱した油で5分ほど揚げる。180℃に温度を上げ、さらに1〜2分、衣が色付くまで揚げる。

バッター液

揚げ物に使う、卵と小麦粉に水分を加えたものをバッター液といい、これを使うとパン粉が均一に付いてボリューム感が出て、衣がはがれにくくなります。作業の手間が省けて仕上がりが安定します。

材料(作りやすい分量)
薄力粉 ⋯⋯ 60g
卵 ⋯⋯1個
牛乳 ⋯⋯ 大さじ2

1 ボウルに卵を割り入れ、牛乳を加えて泡立て器で混ぜ合わせる。

2 薄力粉を加えて練らないように混ぜ合わせる。

フリッター衣

フリッター(フリットともいう)は洋風天ぷらのことで、ベーキングパウダーや卵白を加えてふんわりとした衣で作ります。ここでは、ベーキングパウダーと炭酸水のダブル使いで手軽にさっくりふんわりと仕上げます。

材料(作りやすい分量)
薄力粉 ⋯⋯ 100g
ベーキングパウダー ⋯⋯ 小さじ1/2
塩 ⋯⋯ 小さじ1/2
炭酸水 ⋯⋯ 120㎖

1 薄力粉、ベーキングパウダー、塩を混ぜ合わせる。

2 炭酸水を加えて練らないように混ぜ合わせる。

ズッキーニのフリッター

さっくりした衣とジューシーなズッキーニの食感のコントラストが楽しめます。衣にパルメザンチーズを加えてアレンジしても。

ズッキーニは12mm厚さの輪切りにし、フリッター衣にくぐらせて、180℃に熱した油で揚げる。

カリフラワーのフリッター

カリフラワーは衣を付けることで、ほっくりとした食感に。衣にクミンやカレー粉を加えてアレンジしても。

カリフラワーは小房に分け、フリッター衣にくぐらせて、180℃に熱した油で揚げる。

セージのフリッター

青じその天ぷらがあるように、ハーブのフリッターも定番です。セージの強い香りが、フリッターにするとマイルドになりおいしく食べられます。

セージの葉は茎の部分を持ってフリッター衣にくぐらせて、180℃に熱した油で揚げる。

温野菜の 素揚げ

焼く、蒸す、ゆでる、そして揚げる。同じ野菜でも加熱方法により、食感や味わいは大きく異なります。なかでも変化が大きいのは油で揚げたものです。高温で揚げることで、表面はカリッとなり、なかはほっくりしたジューシー感が閉じ込められます。また、油をまとうことでコクや深みが増す効果も。切り方によっても仕上がりが変わるので、用途に合わせて楽しみましょう。

じゃがいも

世界中で最も愛されている野菜の素揚げは、じゃがいもです。フライドポテトもポテトチップスも軽食に欠かせません。カットしたら水にさらし、表面のでんぷん質を洗い流すとカリッと仕上がります。油に入れてから火にかけ、温度を上げながらじっくり揚げると、なかまでほっくり仕上がります。冷凍のフライドポテト（p.58参照）を使用する場合は、凍ったまま180℃の油で揚げます。

【ポテトフライ】

1 じゃがいもは皮をむき、スライサーで3mm厚さにスライスする。流水で軽く洗い、水にさらす。

2 水気をしっかりと切り、180℃に熱した油で揚げる。

3 熱いうちに、塩、白こしょうをまぶす。

【ハーブ風味のフライドポテト】

1 じゃがいもは皮をむき、スティック状に切る。流水で軽く洗い、水にさらす。

2 鍋に水気を切った**1**、にんにく（皮ごと）、お好みのハーブ（タイム、ローズマリー、セージなど）を入れて油を注ぐ。

3 中火にかけ、じっくり加熱しながら揚げる。油の温度が160℃に上がり、じゃがいもに火が通ったらバットにあげる。

4 油を180℃まで熱し、**3**を戻し入れ、じゃがいもがカリッと色付くまで揚げる。

5 バットにあげ、熱いうちに塩、白こしょうをまぶす。

6 ハーブの一部は砕いて、じゃがいもにまぶして食べてもよい。

【皮付きフライドポテト】

1 じゃがいもはよく洗い、皮ごとくし形切りにする。流水で軽く洗い、水にさらす。水気を切り、ハーブ風味のフライドポテトと同様に2度揚げする。

2 バットにあげ、熱いうちに塩、白こしょうをまぶす。

さつまいも

じゃがいもと同様に水にさらしてから揚げる。味付けは塩のみで。

なす

油との相性が特によく、揚げるとなかはとろりとしてコクと風味が増します。やわらかいのでサンドイッチ用には厚めの輪切りに。周囲に皮があるとパンにはさんでもにつぶれにくく、きれいに切れます。

1 なすは10mm厚さの輪切りにする。揚げる直前に切れば、水にさらさなくてもよい。

2 180℃に熱した油で表面が軽く色付く程度に揚げる。

3 バットにあげる。本書のサンドイッチ（p.110、134参照）では調味せずに使う。

ごぼう

ごぼうも油との相性がよく、大きく切ってじっくり揚げるとしっかりとした食感に、薄切りだとパリパリに、切り方によって違う味わいが楽しめます。色付きはじめたらすぐに焦げるので注意しましょう。

1 ごぼうはピーラーで長めの薄切りにする。

2 すぐに水にさらし、揚げる前にしっかりと水気を切る。

3 160℃に熱した油で表面が薄く色付く程度に揚げる。

ズッキーニ

そのままだと淡白な味わいですが、揚げるとコクが出て独特のしっかりとした食感が楽しめます。用途に合わせて、切り方を変えます。

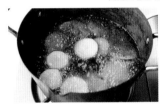  

1 ズッキーニは10mm厚さの輪切り、もしくは半分の長さに切ってから縦に放射状に4〜6等分に切る。180℃に熱した油で軽く色付く程度に揚げる。

2 バットにあげ、熱いうちに軽く塩をふる。輪切りのものはなかはやわらかく、ジューシーな味わい。

縦切りのものは適度な太さで、コリッとしっかりとした食感に。

にんじん

じっくり揚げると甘味が増し、水分が抜けることで味が締まります。カリッとはしませんが、ほどよく油を吸い込むことでコクが出ます。

里芋

1 にんじんは皮をむき、8mm厚さの輪切りにする。180℃に熱した油で軽く色付く程度に揚げる。

2 バットにあげ、熱いうちに塩、白こしょうをふる。

里芋は皮をむいて10mm厚さの輪切りにし、180℃の油で色付く程度に揚げる。仕上げに塩と黒七味（p.57参照）をふる。表皮はカリッと、中はねっとりした食感に。ポテトフライ（p.42参照）の代わりに使うと、和の味わいが楽しめる。

温野菜に合う基本の ソース

トマトソース

パスタや煮込み料理、ピザ、サンドイッチにも。トマトソースは、パンとも
相性がよい、基本のソースのひとつです。野菜はじっくり煮込むことで、コ
クが出て味に深みが増します。仕上げのはちみつもポイントで、トマトの酸
味がやわらぎまろやかに仕上がります。ここではトマト缶とたまねぎだけで
作っていますが、お好みでセロリやにんじんを加えてもよいでしょう。分量
はたまねぎの半量程度が目安です。たっぷり作り置きしておくと、色々な料
理に展開できます。

材料（作りやすい分量）
ホールトマト（缶詰）…… 2缶
たまねぎ（みじん切り）…… 100g
にんにく（芯を取ってみじん切り）…… 1片
はちみつ …… 大さじ1
ローリエ …… 1枚
タイム …… 1枝
E.V.オリーブ油 …… 大さじ4
塩 …… 小さじ1

1 たまねぎ、にんにく、E.V.オリー
ブ油を鍋に入れ、中火にかける。
にんにくの香りが出て、たまねぎ
の表面が透き通ってくるまで炒め
る。

2 ホールトマトを加え、木べらで軽
くつぶしながら全体を混ぜ合わせ
る。

3 塩、ローリエ、タイムを加えて煮
立ったら弱火にし、鍋底が焦げ付
かないようにかき混ぜながら40
分ほど煮込む。

4 ソースにとろみが付き、鮮やかな
赤色から深みのある色になってく
る。トマトの実のかたまりが残っ
ているようなら、ハンドブレンダ
ーでなめらかにしてもよい。

5 はちみつを加えて味を見て、足り
なければ塩を加えて調える。

＊冷蔵で3〜4日保存可能。ジッパー
付きの保存袋で密閉して冷凍してもよ
い。

ハーブを替えて

トマトソースに使うハーブはローリエ、タイ
ムのほか、パセリの茎やトマトと相性のよい
バジルやオレガノに替えたり、好みの香りの
ものと組み合わせたりして使ってもよいでし
ょう。オレガノはドライでもさわやかな香り
がしっかりと楽しめます。

バジル

オレガノ
（ドライ）

バーニャカウダソース

"バーニャカウダBagna càuda"は北イタリア・トリノ生まれの冬の料理。バーニャはソース、カウダは熱いという意味の方言で、熱いソースに温野菜を合わせるのが本場流です。ソースはパンとの相性も抜群で、そのままパンに付けるだけでとびきりのおつまみに。サンドイッチのソースとして活用できます。にんにくは、牛乳と水で煮込むことで特有の臭いがやわらぎ、マイルドな味わいになります。たっぷり食べても食後の心配が少なく、野菜が進むおすすめのソースです。

材料（作りやすい分量）
にんにく（皮をむき芯を取る）…… 30g
アンチョビ …… 30g
生クリーム …… 80㎖
牛乳 …… 適量
E.V.オリーブ油 …… 120㎖

1 小鍋ににんにくを入れて牛乳と水を半量ずつひたひたになるまで加え、にんにくがやわらかくなるまで弱火で20〜30分煮る。

2 ザルにあげて水気を切る。にんにくは指で軽くつまんでつぶれるくらいのやわらかさになっているとよい。小鍋は洗う。

3 小鍋ににんにくを戻し、アンチョビとE.V.オリーブ油を加えて中火にかける。ふつふつしてきたら火を弱め、5分ほど煮る。

4 ハンドブレンダーで撹拌し、なめらかにする。作り置きしたい場合は、ここまでのものを清潔な保存瓶に入れる。冷蔵で1カ月程度保存可能。

5 生クリームを加えてなめらかに乳化するまで泡立て器で混ぜる。

アンチョビ

カタクチイワシを塩漬けにし、発酵させてからオイルに漬けた保存食。しっかりとした塩味と特有の旨味がありバーニャカウダには欠かせない。塩気が強かったり生臭く感じる場合は、オイルを切ってから牛乳に浸すとよい。

ベシャメルソース

グラタンや煮込み料理、ホットサンドに幅広く使える料理の基本ソースのひとつで、ホワイトソースともいいます。バターと炒めた小麦粉のコク、牛乳のやさしい味わいは手作りならでは。バター：小麦粉：牛乳＝1：1：10の配合が基本ですが、牛乳を増やすと軽やかに仕上がります。

材料（作りやすい分量）
牛乳 …… 500㎖
薄力粉 …… 30g
無塩バター …… 30g
ナツメグ …… 少々
塩 …… 小さじ1/3
白こしょう …… 少々

1 鍋に無塩バターを弱めの中火で熱し、無塩バターが溶けたら火を止め、薄力粉をふるい入れる。

2 薄力粉が焦げないように泡立て器で混ぜながら弱めの中火で丁寧に炒める。

3 薄力粉に火が入りさらりとしてくるまで炒める。薄力粉を入れたてのときは軽いとろみがあるが、火が入るとコシが切れ、全体がふつふつと沸いてくる。

4 牛乳を3回に分けて加え、ダマができないようにその都度かき混ぜる。

5 全体がしっかり混ざり、とろみが付いてきたら弱火にする。ナツメグ、塩、白こしょうを加えて味を調える。

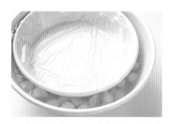

6 ボウルに移し、落としラップをする。ボウルごと氷水に当てて急冷する。

ヴィネグレットソース

酢、油、塩、こしょうで作る基本のドレッシングは、基本の冷製ソースのひとつでサラダには欠かせません。酢と油の割合は1:3が基本で、乳化させることでぽってりととろみが出て、野菜にからみやすくなります。ディジョンマスタードを加えると乳化しやすく、分離しにくくなるうえに、風味もよく仕上がります。ハンドブレンダーがない場合は、泡立て器で攪拌しながら、油を少量ずつ加えます。

材料(作りやすい分量)
赤ワインビネガー …… 大さじ4
ディジョンマスタード …… 小さじ1
塩 …… 小さじ1/2
白こしょう …… 少々
A 太白ごま油(サラダ油でも可)
　　…… 1/2カップ
　　E.V.オリーブ油 …… 大さじ4

1 広口瓶またはハンドブレンダー付属の容器に**A**以外の材料を入れ、ハンドブレンダーで攪拌し、塩を溶かし混ぜる。

2 **A**を加え、ハンドブレンダーは底に密着させた状態でスイッチを入れる。乳化してもったりとしてきたら、ハンドブレンダーを上下に動かして全体を混ぜ合わせる。

たまねぎドレッシング

基本のヴィネグレットソースに温野菜を加えるとまろやかなコクと野菜本来の甘味が生きてきます。たまねぎ入りのドレッシングは、クセのない万能な味わいで、野菜だけでなく肉料理や魚料理にもよく合います。

材料(作りやすい分量)
たまねぎ(粗みじん切り・600Wの
電子レンジで2分ほど加熱) ……100g
白ワインビネガー …… 大さじ4
はちみつ …… 小さじ1
塩 …… 小さじ2/3
白こしょう …… 少々
A 太白ごま油(サラダ油でも可)
　　…… 1/2カップ
　　E.V.オリーブ油 …… 大さじ4

作り方 **A**以外の材料をハンドブレンダーで攪拌し、**A**を加えて乳化させる。

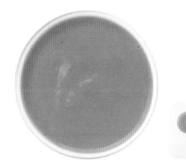

にんじんドレッシング

加熱したにんじんの甘味を生かしたドレッシングは、なめらかな舌触りが特徴です。野菜以外では、ハムやチキンによく合います。マイルドな味わいと鮮やかな色みを生かして組み合わせるとよいでしょう。

材料(作りやすい分量)
にんじん(蒸すかゆでる・薄切り)
……100g
白ワインビネガー …… 大さじ4
はちみつ …… 小さじ1
塩 …… 小さじ2/3
白こしょう …… 少々
A 太白ごま油(サラダ油でも可)
　　…… 1/2カップ
　　E.V.オリーブ油 …… 大さじ4

作り方 **A**以外の材料をハンドブレンダーで攪拌し、**A**を加えて乳化させる。

マヨネーズ

サンドイッチ作りで最も使用頻度の高いソースはマヨネーズです。材料は卵と酢、油、そして塩、こしょう。手軽に使える市販品が一般的ですが、シンプルだからこそ、素材にこだわった手作りのおいしさは格別です。卵黄だけで作ると、コクのあるリッチな味わいに仕上がります。自分で作ると好みの味が明確になり、市販品もうまく使いこなせるようになります。酢や油の種類を替えたり、マスタードを加えたり、プレーンなマヨネーズをベースに、ハーブ、スパイスなどを組み合わせてアレンジしてもよいでしょう。

材料(作りやすい分量)
卵黄※ …… 1個
白ワインビネガー
(赤ワインビネガー、米酢、りんご酢
など好みの酢でも可) … 大さじ1
塩 …… 小さじ1/2
白こしょう …… 少々
太白ごま油(サラダ油でも可) …… 180mℓ

※卵黄を全卵1個に替えて作ることもできます。卵白が入る分、あっさりとした仕上がりです。

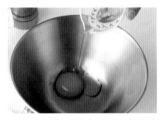

1 卵黄は室温に戻す。ボウルに卵黄と白ワインビネガーを入れて、泡立て器でかき混ぜる。
＊卵黄が冷えていると乳化しにくく失敗の原因になる。

2 塩、白こしょうを加えて塩が溶けるようによく混ぜ合わせる。

3 太白ごま油を糸状に垂らしながら、混ぜ合わせる。この時、ボウルの底がすっぽり入るサイズの鍋に濡れ布巾をのせ、その上のボウルを置いて固定するとよい。

4 途中、太白ごま油を加えるのを止め、もったりと油がなじむまで攪拌する。泡立てるのではなく、ボウルの底面に泡立て器を密着させながら混ぜ合わせる。油を入れる都度、しっかりと乳化させる。

5 徐々にとろみが付き、重くなってくる。やわらかく仕上げたい場合は油は少なめに、かたく仕上げたい場合は多めに加える。味を見て足りなければ塩、白こしょうを足す。

ハンドブレンダーで作る

材料を一度に入れて作ることができます。卵黄1個だと乳化しにくい場合があるので、全卵で作りましょう。

作り方 広口瓶またはハンドブレンダーに付属している容器に全ての材料を入れる。ハンドブレンダーは底に密着させた状態でスイッチを入れる。乳化してもったりとしてきたら、ハンドブレンダーを上下に動かして全体を混ぜ合わせる。

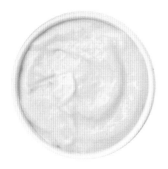

にんにくマヨソース

にんにくのコンフィのマイルドな旨味がマヨネーズによく合います。市販のマヨネーズに合わせるだけで、驚くほど風味が増します。サンドイッチに少量使うだけでも、印象的なおいしさに仕上がります。

材料(作りやすい分量)
マヨネーズ……50g
にんにくのコンフィ(p.55参照・
ガーリックプレスでつぶす)……7g

作り方
全ての材料を合わせ、よく混ぜる。

マスタードマヨソース

フランス・ディジョン地方の伝統的なマスタードとマヨネーズは、相性のよい組み合わせ。酸味と辛味のコントラストを感じつつも、なめらかな舌触りはそのままで、サンドイッチに万能に使えます。

材料(作りやすい分量)
マヨネーズ ……50g
ディジョンマスタード ……7g

作り方
全ての材料を合わせ、よく混ぜる。

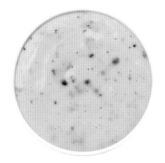

はちみつペッパーマヨソース

はちみつの甘味とコクを加えた甘酸っぱいマヨソースは、それだけでもパンに合うおいしさです。さらに、たっぷりの黒こしょうでアクセントを付けることで大人味に。甘さのなかにピリッとした刺激と香りが効いています。

材料(作りやすい分量)
マヨネーズ ……100g
はちみつ ……15g
黒こしょう(粗挽き) ……小さじ1

作り方
全ての材料を合わせ、よく混ぜる。

しょうゆマヨソース

しょうゆを少量合わせるだけで、マヨネーズが和のソースに変わります。卵サンドに合わせると、どこか懐かしい味わいに。肉にも野菜にも、食材を選ばず活用できます。しょうゆをだししょうゆに変えて、だしの香りを足してもよいでしょう。

材料(作りやすい分量)
マヨネーズ ……50g
しょうゆ ……5g

作り方
全ての材料を合わせ、よく混ぜる。

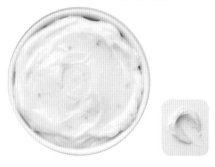

レモンバター

バターに様々な食材を合わせたものを"ブール・コンポゼ Beurre composé"といい、フランス料理では肉料理や魚料理に添えたり、ソースの仕上げに用いたり、カナッペなどに使います。レモンの皮と果汁のさわやかな香りで、サンドイッチの印象が変わります。

材料(作りやすい分量)

無塩バター …… 80g
レモンの皮(すりおろす)
…… 1/2個分
レモン果汁 …… 小さじ1
塩 …… 少々
白こしょう …… 少々

作り方
全ての材料を合わせ、よく混ぜる。

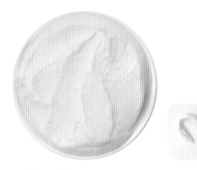

にんにくバター

にんにくのコンフィのマイルドな旨味と香りが食欲をそそります。パンにたっぷり塗って焼けば、とびきりおいしいガーリックトーストが作れます。レモンバターとにんにくバターを使い分けるだけで異なった味わいのサンドイッチが楽しめます。

材料(作りやすい分量)

無塩バター …… 50g
にんにくのコンフィ(p.55参照・
ガーリックプレスでつぶす)……7g
塩 …… 少々

作り方
無塩バターは常温に戻し、にんにくのコンフィと混ぜ合わせ、塩で味を調える。

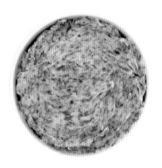

きのこバター

きのこの旨味が凝縮したデュクセルと合わせたバターは、おかず味噌ならぬ、おかずバターともいえる贅沢な味わいです。塗るだけで、おいしいタルティーヌが作れます。冷やし固めたものをスライスしてたっぷりパンにはさんでもよいでしょう。

材料(作りやすい分量)

無塩バター …… 50g
きのこのデュクセル(p.32参照)
……30g
イタリアンパセリ(みじん切り)
…… 大さじ1
塩 …… 少々

作り方
無塩バターを常温に戻し、きのこのデュクセルとイタリアンパセリと混ぜ合わせ、塩で味を調える。

リコッタクリーム

リコッタはイタリアのフレッシュチーズで、チーズ製造時に出たホエイ(乳清)を再加熱して固めたもの。さっぱりとしたなかにミルクの甘味が感じられます。はちみつと塩を合わせることで味がグッと締まり、黒こしょうでアクセントを付けると大人味のクリームになります。

材料(作りやすい分量)

リコッタ …… 100g
はちみつ …… 16g
塩 …… ひとつまみ
黒こしょう(粗挽き) …… 少々

作り方
全ての材料を合わせ、よく混ぜる。

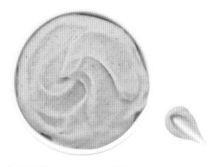

白味噌マスタード

こっくりとした甘口の京都の白味噌にディジョンマスタードの
酸味と辛味がアクセント。日本とフランスの個性的な調味料が
絶妙にマッチしたバランスのよい味わいです。和の野菜とパン
との組み合わせにおすすめです。

材料(作りやすい分量)
西京味噌(京都の白味噌) …… 25g
ディジョンマスタード…… 25g

作り方
全ての材料を合わせ、よく混ぜる。

パプリカマスタード

ハニーマスタードがあるように、マスタードには甘味のあるも
のがよく合います。パプリカのジャムのフレッシュな香りとフ
ルーティさが重なることで、ディジョンマスタードがより鮮や
かで華やかな味わいに。サンドイッチのほか、肉料理のソース
としても活用できます。

材料(作りやすい分量)
パプリカのジャム(p.53参照)
…… 25g
ディジョンマスタード …… 25g

作り方
全ての材料を合わせ、よく混ぜる。

フライソース

とんかつ、コロッケなど揚げ物全般に使えるソースは、ケチャ
ップとはちみつを加えて甘めにすることでパンとの相性がよく
なります。さらにドレッシングやジャムと合わせて味に深みを
出したり、パルメザンチーズやすりごまを加えてとろみを付け
たり、アレンジも楽しめます。

材料(作りやすい分量)
とんかつソース …… 50g
トマトケチャップ …… 25g
はちみつ …… 5g

作り方
全ての材料を合わせ、よく混ぜる。

カリーヴルストソース

ドイツの屋台料理"カリーヴルスト"に欠かせない甘酸っぱいト
マトソースは、ソーセージにはもちろんパンにもよく合います。
トマト主体の3種のソースを組み合わせることで、トマトの深
みのある味わいが堪能できます。

材料(作りやすい分量)
トマトソース(p.44参照)
…… 60g
トマトケチャップ …… 60g
トマトのジャム(p.52参照)
…… 10g

作り方
全ての材料を合わせ、よく混ぜる。

温野菜に合う基本の ジャム

トマトのジャム

糖度が高く香りのよい野菜は、果実のようにジャムにすることができます。トーストに合わせてそのまま使うほか、サンドイッチのアクセントやサンドイッチ用ソースとしても活用できます。みずみずしいトマトはジャムにしやすく、使いやすい一品です。ひと手間かけて湯むきするのがポイントです。

材料(作りやすい分量)
トマト(湯むきして1cmの角切り)
…… (正味)350g
グラニュー糖
…… 140g(トマトの重量の40%)
はちみつ …… 大さじ1
レモン果汁 …… 大さじ1

1 トマトは鍋に入れ、グラニュー糖と混ぜ合わせて15分ほどおく。グラニュー糖が溶けて水分が出てきたら中火にかけ、アクを取りながら5分ほど煮る。

2 はちみつとレモン果汁を加えてさらに煮る。軽くとろみが付いてツヤが出てきたら火を止める。煮沸消毒した清潔な保存瓶に入れる。

ルバーブのジャム

生だととてもかたいルバーブですが、加熱するとあっという間にとろりと煮上がります。特有の強い酸味はグラニュー糖と合わせることで、甘酸っぱさのバランスが絶妙な大人の味わいに仕上がります。赤いルバーブは華やかな色みも魅力です。ルバーブと相性のよいいちごと合わせたジャムも定番です。

材料(作りやすい分量)
ルバーブ(1cm幅に切る) …… 350g
グラニュー糖
…… 140g(ルバーブの重量の40%)
レモン果汁 …… 大さじ1

1 ルバーブはグラニュー糖と混ぜ合わせて30分ほどおく。グラニュー糖が溶けて水分が出てきたら鍋に入れて中火にかけ、アクを取りながら5分ほど煮る。

2 レモン果汁を加えてさらに煮る。軽くとろみが付いてツヤが出てきたら火を止める。煮沸消毒した清潔な保存瓶に入れる。

パプリカのジャム

パプリカはひと手間かけて皮をむくことで、舌触りがよくなり甘味が増します。パプリカらしい香りとフルーティな甘味が新鮮です。黄色いパプリカで作ると、鮮やかな色合いが美しく、そのままパンに合わせるほか、サンドイッチや料理のアクセントとして使えます。マスタードとの組み合わせもおすすめです。

材料(作りやすい分量)
パプリカ(黄・種と白いワタを取ってピーラーで皮をむきせん切り)
…… 100g
グラニュー糖 …… 30g
はちみつ …… 10g
レモン果汁 …… 小さじ1

1 パプリカは鍋に入れ、グラニュー糖と混ぜ合わせてしばらくおく。グラニュー糖が溶けて水分が出てきたら中火で煮る。パプリカに火が通ったら、ハンドブレンダーで攪拌してなめらかにする。

2 鍋に戻してはちみつとレモン果汁を加え、ひと煮立ちさせる。軽くとろみが付いてツヤが出てきたら火を止める。煮沸消毒した清潔な保存瓶に入れる。

ビーツとラズベリーのジャム

ビーツには独特の土臭さがありますが、ラズベリーと合わせると甘味と酸味が調和してビーツの個性を生かしたおいしいジャムに仕上がります。ビーツは水煮缶を、ラズベリーは冷凍品を使うと気軽に作れます。パンにそのまま合わせるほか、ヨーグルトにかけたり、肉料理のソースにしたりしても。活用場面の多い、おすすめのジャムです。

材料(作りやすい分量)
ビーツ(水煮缶) …… 250g
ラズベリー(冷凍) …… 250g
グラニュー糖 …… 175g
はちみつ …… 25g
レモン果汁 …… 大さじ1

1 ビーツはざく切りにして、ハンドブレンダーで攪拌してなめらかにする。鍋に入れ、ラズベリーとグラニュー糖と混ぜ合わせ15分ほどおく。グラニュー糖が溶けて水分が出てきたら中火にかけ、アクを取りながら5分ほど煮る。

2 はちみつとレモン果汁を加え、ひと煮立ちさせる。軽くとろみが付いてツヤが出てきたら火を止める。煮沸消毒した清潔な保存瓶に入れる。

温野菜のマリネ、コンフィ、グラッセ

野菜をじっくり加熱すること、調味料を効果的に使うことで野菜そのものの味わいが引き出され、食感の変化が楽しめます。酸味を利かせたマリネ、オイルで煮込んだコンフィ、バターと砂糖でつややかに煮込んだグラッセ、それぞれ調理法、味付けによって素材の個性が際立つことを実感できます。

焼きパプリカのマリネ

パプリカはオーブンでじっくりと焼くことで甘味が増し、生とは全く違う味わい、食感になります。シンプルなマリネ液に漬け込むと、とろりとした食感と相まっておいしさが際立ちます。たっぷりのオリーブ油で焼き上げたなすやズッキーニと合わせても、サンドイッチの具材として作り置きしておくと便利です。

材料(作りやすい分量)
パプリカ …… 2個
バルサミコ酢 …… 大さじ1
塩 …… 小さじ1/3
白こしょう …… 少々
E.V.オリーブ油 …… 大さじ4

1 パプリカはオーブンシートを敷いたバットにのせ、200℃に予熱したオーブンで皮に焦げ目が付くまで25分ほど焼く。

2 熱いうちに皮をむき、種を取る。もしくは熱いうちにアルミホイルで覆い、粗熱が取れるまで蒸してからむいてもよい。

3 縦に2cm幅に切り、保存容器に入れる。バルサミコ酢、塩、白こしょうを混ぜ合わせてから、E.V.オリーブ油と合わせてパプリカにかける。冷蔵庫に入れ、半日以上おいて味をなじませる。冷蔵で3〜4日保存可能。

長ねぎのマリネ

じっくり煮た長ねぎは甘味が増し、とろりとした食感に。ヴィネグレットソースとの相性のよさを実感できるおすすめの一品です。水の代わりにチキンブイヨン(p.61参照)で煮込むとより深みのある味わいに仕上がります。手に入ればポロねぎでぜひお試しを。フランスの味わいが楽しめます。

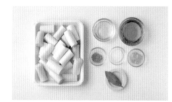

材料(作りやすい分量)
長ねぎ(あればポロねぎでも可・4cm長さに切る) …… 2本
E.V.オリーブ油 …… 90㎖
白ワインビネガー …… 大さじ2
ディジョンマスタード …… 小さじ2
塩 …… 小さじ1
ローリエ …… 1枚
白こしょう ……適量

1 長ねぎ、塩小さじ1/3、白こしょう少々、ローリエを鍋に入れ、ひたひたになる程度の水を加えて中火で煮る。沸いてきたら火を弱め、長ねぎがやわらかくなるまで30分ほど煮る。ビネガー、マスタード、塩小さじ2/3、白こしょう少々をよく混ぜ、E.V.オリーブ油を少量ずつ加えて混ぜ合わせ、水気を切った長ねぎと一緒に保存容器に入れ、冷蔵庫で半日以上おいて味をなじませる。冷蔵で3〜4日保存可能。

にんにくのコンフィ

にんにくはオイルでじっくり加熱することで、甘味が増しマイルドな味わいに変化します。指でつぶせるほどのやわらかさなのでソースやサラダにもなじみやすく、食後のにおいが気になりにくいのも魅力です。活用場面が多いので、時間があるときに作り置きしておくとよいでしょう。

材料(作りやすい分量)
にんにく(1片ずつ切り離す) …… 1個
E.V.オリーブ油 …… 適量
サラダ油(ここでは太白ごま油を使用)
…… 適量

1 にんにくは皮をむき、オーブン調理可能な小鍋に入れる。にんにくが浸かる程度にE.V.オリーブ油とサラダ油を半量ずつ注ぐ。中火にかけ、ふつふつするまで加熱したら蓋をして、120℃に予熱したオーブンで30分加熱する。粗熱が取れたらオイルごと保存容器に入れ、冷蔵庫で保存する。冷蔵で約1カ月保存可能。

ペコロスのグラッセ

ペコロスは皮をむくのが手間ですし、決して主役にはなりませんがこのグラッセは魅力的な一品です。バターの香りと甘味のバランスがよく、たっぷり作り置きしたくなるおいしさがあります。肉料理や煮込み料理に添えるほか、スライスしてサンドイッチのアクセントに使うこともできます。

材料(作りやすい分量)
ペコロス(根を取り皮をむく)
…… 400g
無塩バター …… 20g
グラニュー糖 …… 大さじ1
ローリエ …… 1枚
塩 …… 小さじ1/4
白こしょう …… 少々

1 鍋に無塩バターを中火で熱し、無塩バターが溶けたらペコロスを入れて炒める。グラニュー糖も加えて炒め合わせる。ペコロスの表面にツヤが出てきたら水をひたひたになるまで加えて、ローリエ、塩、こしょうを入れる。中心までやわらかくなるまで煮る。

2 ペコロスに竹串を刺して、すっと通ればよい。仕上げに強火で煮汁を軽く煮詰め、煮汁ごと保存容器に入れる。冷蔵で2〜3日保存可能。

温野菜に合う
スパイスと調味料

スパイスやハーブ、市販の調味料は、主軸となる味付けだけでなく、下味や隠し味、仕上げのアクセントにもなり、組み合わせて使い分けると味わいに奥行きが出ます。こしょうひとつでも、白か黒か、細挽きか粗挽きか、また同じ粗挽きのなかでも挽き具合で香りの印象が変わります。マスタードもそれぞれに味の個性があるので、まずは1種類ずつ味わってから組み合わせてみましょう。

細挽き

白こしょう

細挽きにして料理の下味に使うとよい。白いので料理の色や見た目を損なわずに辛みと香りを付けることができる。黒こしょうと使い分けたい。

粗挽き

黒こしょう

白こしょうは実を完熟させて皮を取り除いたものであるのに対し、黒こしょうは完熟前の実。野性的な辛みと香りがあり、粗挽きをアクセントに使う。

マスタードシード

洋からしの種子で、マイルドな辛みと豊かな香りがある。マリネやピクルスなどの漬け込み料理に向く。

鷹の爪

小ぶりの赤唐辛子を乾燥させたもので、日本で古くから食されている唐辛子の品種のひとつ。唐辛子は中のワタの部分が一番辛い。種と合わせて取り出すと辛みが抑えられる。

カイエンペッパー

乾燥させた赤唐辛子を粉末にしたもので、辛みが強い。カイエンヌペッパー、チリペッパーともいう。味付けのアクセントに使いやすいが使用量に注意する。

チリパウダー

唐辛子のほか、パプリカ、オレガノ、クミン、ガーリックなどに塩を合わせたもので、アメリカ南部のテクス・メクス料理には欠かせない。

パウダー

ナツメグ

ほんのり甘く清涼感ある香りで、肉の臭み消しとしてハンバーグに欠かせない。乳製品との相性もよく、ベシャメルソースと合わせると風味よく仕上がる。

パウダー

クミン

カレーに欠かせないスパイスのひとつで、単品でもカレーらしい芳香がある。油で加熱すると香りがいっそう引き立つ。どんな食材にも合わせやすい。

カレーパウダー

ターメリック、コリアンダー、クミン、唐辛子、シナモンのほか、数十種類のスパイスをブレンドしたものでメーカーごとに個性がある。市販品に好みのスパイスを追加すれば、オリジナルブレンドに。

イタリアンパセリ

ドライでもさわやかな香りとほろ苦さが感じられる。料理のアクセントに使いやすい。ソースなどで少量使う場合は、フレッシュの代わりに使ってもよい。

オレガノ

トマト料理と相性がいいシソ科のハーブでピザには欠かせない。ドライでも特有の清涼感があり、肉・魚料理の臭み消しにも重宝する。サラダにも合う。

ローリエ

月桂樹の葉で、ローレルともいう。清涼感とほのかに甘味を感じられる香りが特徴で、素材の臭みを和らげる。煮込み料理に欠かせない。

ディジョンマスタード

フランス・ディジョンの伝統的なマスタード。さわやかな酸味と辛みのバランスがよく、なめらかな舌触りとまろやかな味わいが特徴。

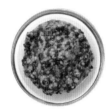

粒マスタード

マスタードの種子がそのまま入っており、プチプチした食感が楽しめる。ディジョンマスタードと比べて辛みはマイルド。

和からし（チューブタイプ）

西洋のマスタードは、辛みが穏やかで料理にたっぷり使うことが多いのに対し、和からしには強い辛みがある。少量をアクセントに使うとよい。

ホースラディッシュ（チューブタイプ）

ローストビーフに欠かせない西洋わさびは日本では手に入りにくいが、チューブタイプなら手軽に使える。日本のわさびよりまろやかな味わい。

デュカ

エジプトのブレンドスパイスで、ごま、クミン、コリアンダーなどシード系スパイスにナッツと塩を合わせたもの。食感と香りのアクセントに便利。

タヒニ

中東料理に欠かせないごまのペースト。日本の練りごまはいりごまで作るのに対し、タヒニは生ごまで作るため香ばしさはないが特有のコクがある。

黒七味

白ごま、唐辛子、山椒、青のり、けしの実、黒ごま、麻の実で作られる七味で、豊かな香りと心地よい辛みがある。

柚子こしょう

唐辛子と柚子と塩で作られる調味料で、大分を中心に九州各地で親しまれている。柚子の清涼感と辛みのバランスがよく、野菜にもよく合う。

西京味噌

京都で作られる、淡黄色の味噌。米麹をたっぷり使用した、こっくり甘い味わいが特徴で、京都の雑煮には欠かせない。一般的な赤味噌と使い分けるとよいアクセントになる。

温野菜の
加工品

フレッシュな野菜を冷凍や水煮にした市販の加工品は、鮮度を気にすることなくストックでき、旬の短い野菜も一年中使うことができます。長時間の加熱調理が必要な食材は、水煮などの半加工品を使うと手軽です。用途に合わせて、フレッシュなものと使い分けましょう。

冷凍むき枝豆

さや付きの冷凍品もあるが、サンドイッチの具材として使うなら、むき枝豆が便利。加熱済みで塩味が付いているので、解凍してそのまま使える。

冷凍グリーンピース

生のまま新鮮なうちに冷凍されており、加熱して使う。スープや煮込み料理にたっぷり使え、便利でおいしいおすすめの冷凍野菜。本書ではフランス産のものを使用。

冷凍カリフラワー

野菜は冷凍すると食感が変わるものが多く、カリフラワーもそのまま使う場合は、生のものにはかなわない。ただし、ペーストにする場合などは食感を気にする必要がなく、冷凍品も上手に活用したい。

冷凍野菜ペースト

主に業務用になるが、様々な野菜の冷凍ペーストが作られている。解凍しブイヨンや牛乳でのばせば手軽にスープが作れる。写真のものはバターナッツかぼちゃの冷凍ペースト。

冷凍フライドポテト（シューストリングカット）

シューストリングとは靴紐のことで、細長くカットされたフライドポテトの代表的なスタイル。短時間でカリッと揚げることができる。冷凍のまま180℃に熱した油で揚げる。

ビーツ水煮

生のビーツより手軽に入手でき、加熱済みでほんのり塩味が付いており、このまま使える。スープに使う場合は、赤いゆで汁も活用すると彩りよく仕上がる。

ホワイトアスパラガス水煮

皮むきの手間いらずで、とろりとやわらかくゆでたホワイトアスパラガスが楽しめる。塩味が付いているのでこのままサラダやサンドイッチに。

ホールコーン

とうもろこしの粒を水煮にしたもので、安価で一年中使える。水気を切ってこのままサラダのトッピングやサンドイッチの具材として使える。

コーンクリーム

とうもろこしをピュレにしたもので、牛乳やチキンブイヨンでのばして気軽にコーンポタージュが作れる。本書ではホールコーンと合わせてフィリングとして使用。

ホールトマト
トマトソースに欠かせないトマトの水煮は、細長いサンマルツァーノ種またはその改良種が使われることが多く、加熱することで旨味が際立ちおいしさが増す。

カットトマト
トマトの角切りの水煮で、丸いトマトが使われていることが多い。長時間の煮込みより、さっと温める程度のフレッシュ感を生かした調理に向く。

フライドオニオン
たまねぎをカリカリに揚げたもので、クリスピーな食感と香ばしさ、たまねぎの凝縮した旨味が感じられる。トッピングに使うほか、料理のコク出し食材としても活用できる。

ひよこ豆水煮
乾燥豆の調理は時間がかかるが、市販の水煮があれば手間いらず。そのままサラダやスープに使う場合やフムスには向く。ただし、ファラフェルを作る場合は必ず乾燥豆を使う。

白いんげん豆水煮
ほっくりとやさしい味わいの白いんげん豆は、スープや煮込み料理にあると便利な素材。スープに入れる際に、一部を粗くつぶして加えると程よいとろみが付き食べやすくなる。

レッドキドニービーンズ水煮
チリコンカンに欠かせない豆で、サラダにも向く。皮がかたくしっかりしているので、水煮でも豆がつぶれずきれいな形が保たれており使いやすい。

ゆで小豆
市販のゆで小豆は、小豆を砂糖で甘く煮たものだが、粒あんと比べると水分が多めでさらりと食べやすくトーストに合う。小鍋で好みのかたさになるまで煮詰めると、あんことしても使える。

こしあん
やわらかく炊いた小豆の外皮を取り除き、裏ごししてから砂糖で練り上げて作るなめらかなあん。粒あんと比べると手間がかかるため、市販品を活用したい。

白あん
白いんげん豆などの白い豆で作られるあんで、こしあんが一般的。外皮を取ったり、裏ごししたり、手間がかかる分、上品な味わいが魅力。

温野菜に合う基本の サンドイッチフィリング

卵サラダ

サンドイッチ作りに欠かせないフィリングで、どんな食材とも相性がよく、彩りも魅力です。マヨネーズと塩、白こしょうだけでシンプルに仕上げるのが基本です。マヨネーズの量を変えたり、ハーブを加えてアレンジしても。

材料(作りやすい分量)
ゆで卵 …… 3個
マヨネーズ …… 30g
塩 …… 少々
白こしょう …… 少々

1 ゆで卵は細かく刻む。こし器の網を使うと簡単に均一につぶすことができる。

2 ボウルに1、塩、白こしょうを入れて塩味を感じる程度に下味を付けてから、マヨネーズを合わせる。

ツナサラダ

サンドイッチの基本フィリングとして色々使えるツナサラダは、辛みの少ない紫たまねぎで食感と香りを補います。お好みでレモン果汁少々を加えるとさわやかに仕上がります。

材料(作りやすい分量)
ツナのオイル漬け
(市販品・オイルを切る) … 200g
紫たまねぎ(みじん切り) … 50g
マヨネーズ …… 50g
塩 …… 少々
白こしょう …… 少々

1 ツナのオイル漬けはザルにあげ、余分なオイルを切ってから計量する。

2 ボウルに1、紫たまねぎ、マヨネーズを入れて混ぜ合わせる。塩、白こしょうを加えて味を調える。

チキンサラダ

サラダチキンをほぐしてマヨネーズとディジョンマスタードで和えるだけ。シンプルなチキンサラダは、野菜との相性がよく使い勝手のよい一品です。

材料(作りやすい分量)
サラダチキン
(蒸し鶏でも可) …… 300g
マヨネーズ…… 40g
ディジョンマスタード…… 5g

1 サラダチキンは繊維に沿って手でほぐす。

2 マヨネーズとディジョンマスタードを加えてよく混ぜ合わせる。味を見て足りなければ塩、白こしょう(各分量外)を加えて調節する。

温野菜を引き立てる基本の**ブイヨン**

チキンブイヨン

スープや煮込み料理の基本となるチキンブイヨンは、圧力鍋があれば短時間で作れます。手羽先を使うとコラーゲンたっぷりで、そのままでも体にしみわたるおいしさです。時間があるときに多めに作り、冷凍しておくと便利です。

材料（作りやすい分量）
手羽先……500g（約10本）
長ねぎの青い部分＊……1本分
セロリの葉＊……1本分
タイム＊……1枚
ローリエ＊……1枚
塩……小さじ1
白こしょう（粒・なければパウダー少々でも可）……10粒
＊ブーケガルニ（p.23参照）でも可。

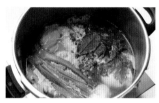

1 圧力鍋に水6カップ（1.2ℓ）と全ての材料を入れ、蓋をして中火にかける。圧がかかってきたら火を弱め、15分加圧調理する。火を止めて、圧が下がるまで放置する。圧力鍋がない場合は、沸騰したら火を弱め、蓋をして1時間煮る。

2 目の細かいザルでこし、スープと具を分ける。

3 手羽先は骨から身を外せば、サラダやサンドイッチ、料理の素材として使える。

塩豚スープ

豚バラ肉は塩漬けにしておくと味が締まり、旨味が凝縮されます。水で煮込めば上品な味わいのポークブイヨンになります。たっぷりの野菜と一緒に煮込んだり、塩豚だけをパンチェッタの代用品としても活用できます。

材料（作りやすい分量）
豚バラかたまり肉……500g
タイム……1枚
ローリエ……1枚
塩……小さじ1
白こしょう……少々

1 豚バラかたまり肉は半分の長さに切り、塩と白こしょうを表面全体に手ですり込む。タイムとローリエをはさみ、ラップで包んで冷蔵庫に3日～1週間おく。

2 鍋に水6カップ（1.2ℓ）と1を入れ、中火にかける。沸騰したらアクを取り、弱めの中火にして30分ほど煮る。圧力鍋を使う場合は、チキンブイヨン（上記参照）の加熱時間を目安にする。

3 塩豚とスープを分ける。塩豚は食べやすい大きさに切り、スープやサラダの具にする。

温野菜に合う **パン**

しっとりときめ細かく口溶けのよい日本の角食パンは、どんな食材にも合わせやすく、サンドイッチ作りの主役です。本書では角食パンのサンドイッチを基本にし、野菜の個性が生きるバランスを探りながら、世界のパンと組み合わせます。

ハード系

パン・ド・カンパーニュ（なまこ型）
フランスの素朴な田舎パン。大きな丸型やなまこ型など形状も味わいも作り手によって異なる。野菜には、酸味が穏やかで軽めのタイプが合わせやすい。

バゲット
フランスを代表する食事パンで、細長く焼き上げたことによるクラスト（皮）の香ばしさが特徴。サンドイッチにする時は、食感のバランスや野菜の水分に注意する。

ミニフランスパン
サンドイッチにしても食べやすい小型のフランスパン。フィセルのような正式名称はないが、サンドイッチ用に作っているベーカリーも多い。

ドライフルーツ入りライ麦パン
レーズン、クランベリーなどのドライフルーツがたっぷり入ったライ麦パン。フルーツの甘味がアクセントになり、チーズとの相性が抜群。

全粒粉パン（なまこ型）
小麦全粒粉入りのパンは香ばしさとコクがありサンドイッチに向く。食物繊維が豊富で、白いパンに比べてGI値が低いのも魅力。

レーズンとくるみ入りライ麦パン
レーズンの甘味と酸味、くるみの食感と香ばしさのバランスがよくサンドイッチに使いやすい。

角食パン

一番の基本となる、プレーンな食パン。型にふたをして焼くため、中はしっとりとやわらかく、サンドイッチはもちろん、トーストにも向く。薄切りから厚切りまで、自由に楽しめる。

全粒粉食パン

小麦全粒粉を使った食物繊維が豊富なヘルシーブレッドで、近年人気が高まっている。素朴な味わいと香りが特徴的。トーストすると香ばしさが引き立つ。

ライ麦食パン

ライ麦粉をブレンドした風味豊かな食パンは、サンドイッチに向く。スライスは薄めがよい。乳製品や魚介類との相性もよく個性的な味わいが楽しめる。

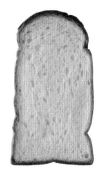

山型食パン

型にふたをせず焼くことで生地が垂直にのび、上部が山のようになることからこう呼ばれる。別名イギリスパン。角食パンに比べるときめが粗く、トーストするとザクッとした食感が楽しめる。

世界のパンと小型パン

クロワッサン

フランスでは朝食の定番で、そのまま食べるのが基本。フランスではサンドイッチにすることは少ないが、実は野菜との相性がよく上手に組み合わせたい。

ピタパン

エジプトやシリアではシャミー、北米ではピタと呼ばれるフラットブレッドで、高温で短時間で焼くことでなかに空洞ができる。食材を詰めてサンドイッチにするほか、そのままちぎって料理と一緒に食べる。

ベーグル

ニューヨークから世界に人気が広がったユダヤ発祥のパン。ゆでてから焼くことによる目の詰まった食感が特徴。クリームチーズと合わせてサンドイッチにするのが基本。

バインミー

ベトナムのフランスパン。皮が薄くてサックリと軽い食感で、野菜をたっぷり合わせても食べやすいのが魅力。本格的なバゲットサンドでない場合は、こちらの方が食べやすい。

塩パン

生地の中央にバターを巻き込み、塩をまぶして焼いたシンプルなパン。近年日本全国で人気が広がった。塩とバターのシンプルな味わいがサンドイッチに向く。

ドッグパン

ホットドッグ用の細長いパン。ソフトで食べやすく、ホットドッグはもちろん、野菜のサンドイッチにも広く活用できる。

バターロール

卵とバターが入ったリッチな味わい。やさしい甘味とソフトな食感で食べやすく、小さめのサイズ感も使いやすい。

野菜の道具

野菜の下ごしらえや調理の際、専用の調理器具があると作業がスムーズです。煮る、蒸す、揚げるなど基本の加熱調理は、目的に合った鍋を使い分けると仕上がりが安定し、調理時間が短縮できることも。また、包丁だと技術が必要な作業も、専用のスライサーがあれば誰でも手早く均一に切れます。ここでは、本書で使用している調理器具の一部を紹介します。

ピーリングナイフ

ペティナイフよりも小さく、カーブした小型の刃が付いており、皮むきや飾り切り用の包丁。手になじみやすいサイズで、野菜のヘタやじゃがいもの芽、にんにくの芯を取る作業にも向く。付け合わせ用のじゃがいもやにんじんの飾り切りも容易にできる。

アスパラガスピーラー

アスパラガスの皮むき用に特化したピーラーで、アスパラガスをはさんでスライドすると皮が薄くむける。T字型ピーラーと比べると余計な力が入らず、無駄がない。皮むきが必須のホワイトアスパラガス好きには特におすすめの便利な道具。

とうもろこしピーラー

使う場面が限定されるピーラーは、誰にでも必要なものではないが、特定の野菜の調理が多い場合には作業の手間と時間が短縮できる。とうもろこしピーラーは刃がカーブしており、効率よく芯から実を取れる。

スライサー（ベンリナーNo.64）

約0.5〜5mmまで厚さが調節できる野菜用スライサー。似たような道具はたくさんあるが、厚さが調節できるものは少ない。付属の交換刃を使えば、せん切りもできる。切れ味がよく活躍の場面が多い道具だが、取り扱いには十分に注意する。

せん切りスライサー、チーズおろし器

せん切り用のおろし器は、キャロットラペに欠かせない道具。にんじんは包丁で切ると味がしみ込みにくく食感もかたいままだが、おろし器を使うと断面がシャープではないため味がなじみやすくしんなりして食べやすくなる。本書ではボルシチ(p.191参照)のビーツをスライスする際に使用している。4面チーズおろし器の一番粗い面を使ってもよい。

ガーリックプレス

にんにくしぼり器ともいう。にんにくを入れハンドルを握るとみじん切り状になったにんにくが出てくる。にんにくは皮をむき、芯を取ったものを入れるとよい。おろし器を使うと手ににおいが付き、おろし器に残った繊維を取るのが手間だが、これなら片手で作業ができ洗浄も容易。

ポテトマッシャー

加熱したじゃがいもを片手で押しつぶすことができ、マッシュポテトやポテトサラダ、ポテトコロッケを作る際にあると便利。じゃがいもは冷めると粘り気が出てしまうので、熱いうちに手早くつぶすのがポイント。

ハンドブレンダー

スティック状の本体の先端にブレードが備わったコンパクトな調理家電。食材を切ったり、混ぜたり、つぶしたりが片手で手軽にできる。フードプロセッサーや縦型のブレンダーに比べ、少量でも調理しやすいのが魅力。コードレスタイプはキッチンで使いやすい。本書ではドレッシングやソース作りに活用している。

ブレンダー

固形の食材を液状にしたり、粉砕する調理器具で、水分の多い食材や大量調理に向く。ハイパワータイプのものはかたい食材も一気に粉砕でき、水分の少ないものや油分が多い食材の調理も可能で、用途が広い。ハンドブレンダーと使い分けるとよい。

フードプロセッサー

ブレンダーが食材の形をなくしてつぶし混ぜるのに対し、フードプロセッサーは食材の形を残したまま細かく刻むことができる。製品によっては刃を替えられるため、用途に合わせて食材を細かく切ったり、練り混ぜたり、様々な調理に活用できる。

銅製揚げ鍋

銅は熱伝導率が高いため、熱しやすく冷めにくい。温度管理が重要な揚げ物にも適しており、連続した調理でも、カラッと揚げることができ安定する。天ぷら専門店では銅製の鍋が使われていることが多い。高価だが耐久性は高く、きちんと手入れすれば長く使うことができる。

蒸し器

2段重ねの蒸し物専用鍋。下鍋に湯をはり、底に穴の開いた上鍋を重ねて蓋をして調理する。下鍋にたっぷり湯を入れることができるため、蒸気の上がりがよく、長時間の調理にも安心。ゆで調理と比べ、水っぽくなりにくく、栄養素の流出が少ないのもメリット。

鋳物ホーロー鍋

密閉性・保温性に優れており、無水調理もできる。煮込み料理では素材の旨味が引き出され、味の違いを実感できる。オーブン調理も可能で、長時間の煮込み料理には特に向く。高価で重たいが耐久性も高く、使いはじめると手放せない。

圧力鍋

蓋を密閉して加熱することで、内部に圧力がかかり高温になる。通常より短い加熱時間で調理ができるので、時間のかかる煮込み料理やかたい食材の調理に特に向く。蒸し板を使えば、蒸し料理も短時間でできる。野菜は加圧時間が長いと崩れてしまう場合もあるので、必ずタイマーをかける。

マルチグルメプレート（クイジナート）

パニーニグリラーとしてはさみ焼きができるホットプレート。平型と波型のリバーシブルのプレートで、プレスタイプのホットサンドが気軽に作れる。両面からしっかり加熱できるので、パンの表面はパリッと、なかの具材もしっかり温まる。開けば2面のホットプレートとしても使える。

02

パンに温野菜を
はさむ

じゃがいも✕食パン

上品に味わう

プレーンポテトサンド

きゅうりにレタスにトマトなど、サンドイッチの定番メニューには生野菜が多く使われます。生野菜に比べると、温野菜が主役のサンドイッチというのはあまり多くはありません。そんななか、定番メニューのひとつがじゃがいもを使ったポテトサラダサンドです。パンも世界中で親しまれている食材ですが、一部の例外を除き、じゃがいもをパンにはさむことはありません。例えばドイツ。じゃがいもは日本の米のような存在で、パンと同列に主食的なものとして食されています。フルーツサンドや焼きそばパンと同様に、じゃがいもを使ったサンドイッチは日本独自のサンドイッチといえます。まずは、副食材を加えずにじゃがいもそのものの味わいを堪能しましょう。

大胆にほおばる

まるごとじゃがバターサンド

じゃがいもは粗くつぶしてサラダにしたり、なめらかにマッシュしたり、細切りや薄
切りをフライにしたり、煮込み料理の具材にしたり、多種多様な調理法、味付けで楽
しむことができます。ほっくりと蒸したじゃがいもにバターをのせた"じゃがバター"
は、じゃがいもそのものを堪能できる一品です。このシンプルなおいしさをそのまま
パンにはさんでみたのがこちらです。パンに塗るのはにんにくとイタリアンパセリが
香るフレーバーバター。食欲をそそる香りが、じゃがいもを料理に変え、シンプルな
組み合わせの魅力を実感できます。

じゃがいも ✕ 食パン

上品に味わう【プレーンポテトサンドのはさみ方】

基本のポテトサラダのバターのコクと香りを生かすため、ここではパンには何も塗らずに合わせました。

材料(1組分)
ライ麦食パン(12枚切り) …… 2枚
基本のポテトサラダ(p.24参照) …… 110g

作り方
1. ライ麦食パン1枚に基本のポテトサラダをのせ、平らに塗りのばす。
2. もう1枚のライ麦食パンと合わせる。手のひらで上から全体をやさしく押さえて具材とパンをなじませる。
3. 耳を切り落とし、4等分に切る。

組み立てのポイント
じゃがいもを細かめにつぶし、バターとマヨネーズで調味したシンプルなポテトサラダは、サラダというよりもほぼじゃがいもです。この魅力を生かすには、パンの厚さと具のバランスが大切です。薄いパンに、パンと同じくらいの厚みになるようにポテトサラダを塗りのばすと、パンとじゃがいも、それぞれの味をしっかり感じることができます。基本のポテトサラダは、じゃがいもだけであることが持ち味ですが、副食材が入らないため地味な印象です。ライ麦食パンと合わせて、色のコントラストを付けることで、華やかさはなくとも洗練されたビジュアルになります。

じゃがいもを使い分ける vol.1
じゃがいもにはたくさんの品種があり、それぞれに特徴があります。料理に使う場合は、ほくほくした粉質か、煮崩れしにくい粘質かで使い分けるのが基本です。日本で代表的な品種は男爵とメークインです。丸くごつごつした男爵はでんぷん質が多くほっくりした食感で、ポテトサラダやコロッケに向くとされています。なめらかで細長いメークインは粘質で、煮崩れしにくくきめ細かな質感が特徴です。カレーやシチューなど、形を残したい煮込み料理に向きます。実の色みも品種ごとに違いがあります。男爵やメークインは黄色みがかった白で、キタアカリは男爵よりは黄色みが強め。インカのめざめはさつまいものような濃い黄色が特徴です。黄色みの強いものにはしっかりとした甘味があり、味も強めです。それぞれの食感や色みの特徴を生かすと、シンプルなじゃがいもサンドに個性が出せます。プレーンポテトサンドにはキタアカリを、まるごとじゃがバターサンド(p.69参照)にはインカのめざめを使用しています。

大胆にほおばる 【まるごとじゃがバターサンドのはさみ方】

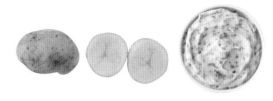

材料(1組分)

角食パン(12枚切り) ……2枚
じゃがいも(インカのめざめ) ……2個(80g/個)
ハーブバター(下記参照) ……24g
黒こしょう(粗挽き) ……少々

作り方

1. じゃがいもは皮ごとやわらかくなるまで加熱する(p.18参照・ここでは電子レンジで加熱)。皮をむき6mm厚さにスライスする。

2. 角食パンの片面にハーブバターを半量ずつ塗る。

3. 写真を参考に、じゃがいもを1個ずつずらしながら角食パンに並べる。カット位置と断面の仕上がりを意識して並べるとよい。黒こしょうをふり、手のひらで上から全体をやさしく押さえて具材とパンをなじませる。

4. 耳を切り落とし、4等分に切る。仕上げに黒こしょうをふる。

組み立てのポイント

サンドイッチはパンと具材の調和が大切です。パンに対して具が少なすぎるのも、逆に具だくさんにするあまりパンをほとんど感じられないのも、バランスがよいとはいえません。プレーンポテトサンド(p.68参照)はパンの厚みと具の量が程よく、正統派サンドイッチのお手本のようです。一方、まるごとじゃがバターサンドはその逆で、薄いパンに過剰ともいえるほどのじゃがいもを合わせています。こうなると、サンドイッチではなく、ほぼじゃがバター。パンを使うのは、じゃがバターを片手で食べるためです。パンがあるからそのパンにバターを塗ることができ、バターが塗られているから、じゃがいもをそのままはさむだけで料理になると同時にサンドイッチとして成立するのです。

パンにはハーブバターをたっぷり塗ります。じゃがいもをそのままはさむだけなので、このバターが調味料になります。

ハーブバター

にんにくバター(p.50参照)をベースにイタリアンパセリのさわやかな香りを添えました。はっきりとした塩味が感じられるように調味するのがポイントです。パンにたっぷり塗ってトーストするだけでも美味。有塩バターを使ってもよいでしょう。お好みでイタリアンパセリの量を増やしたり、エシャロットのみじん切りを加えると、より本格的な味わいに仕上がります。にんにくとエシャロットとパセリを利かせたフレーバーバターは、フランスでは"エスカルゴバター"といい、その名の通りエスカルゴの調理に使われます。エスカルゴの殻にこのバターをたっぷり詰めて焼くだけで完成です。エスカルゴのおいしさはこのバターによるもので、溶けたバターをパンに付けながら食べるのもお楽しみ。

材料(作りやすい分量)

無塩バター …… 50g
にんにくのコンフィ(p.55参照) …… 7g
イタリアンパセリ
(みじん切り・パセリでも可) …… 小さじ1/2
塩、白こしょう …… 各少々

作り方／無塩バターは常温に戻し、みじん切りにしたにんにくのコンフィとイタリアンパセリと混ぜ合わせ、塩、白こしょうで味を調える。

＊ハーブバターの代わりに無塩バター50gにホースラディッシュ5g、塩、白こしょう各少々を混ぜ合わせた、ホースラディッシュバターでもよい。

じゃがいも ✕ 食パン + **具材アレンジ！**

フライドポテトとローストビーフのサンドイッチ

フライドポテトは糖質と脂質たっぷりの悪魔的なおいしさで、国境を超えて世界中で愛されています。イギリスのフライドポテトだけのサンドイッチ"チップバティChip butty"から発想を得たのがこのサンドイッチです。食べやすく薄切りにしたフライドポテトにローストビーフを合わせて贅沢に。クレソンの清涼感で後味がスッキリするせいか、罪悪感のないおいしさです。

材料（1組分）

ライ麦食パン（12枚切り）…… 2枚
にんにくバター（p.50参照）…… 14g
ポテトフライ（p.42参照）…… 50g
ローストビーフ（スライス・市販品）… 55g
グレービーソース（市販品）…… 5g
クレソン …… 5g
トマトケチャップ …… 5g
にんにくマヨソース（p.49参照）…… 4g
塩 …… 少々
白こしょう …… 少々

作り方

1. ローストビーフはバットに広げ、塩、白こしょう、グレービーソースをかける。
2. ライ麦食パンは軽く焼き色が付く程度にトーストする。
3. ライ麦食パン1枚の片面ににんにくバターの半量を塗り、ポテトフライをのせ、トマトケチャップを細くしぼる。1のローストビーフをのせ、にんにくマヨソースを細くしぼり、クレソンをのせる。
4. もう1枚のライ麦食パンの片面に残りのにんにくバターを塗り、3と合わせる。 手のひらで上から全体をやさしく押さえて具材とパンをなじませる。
5. 耳を切り落とし、3等分に切る。

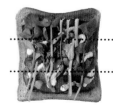

ポテトコロッケの塩パンサンド

日本でもフライドポテトは人気ですが、じゃがいも×油の組み合わせはコロッケも定番です。カリッと揚がった衣のなかにほっくりしたじゃがいもが詰まっていて、中身の少ないフライドポテトと違うおいしさがあります。イギリスの"チップバティChip butty"に驚く一方で、日本ではコロッケサンドは定番メニューです。油で揚げたじゃがいもとパンの組み合わせは間違いありません。

材料(1組分)

塩パン …… 1個(75g)
にんにくマヨソース(p.49参照) …… 10g
ポテトコロッケ(p.40参照) …… 1個
キャベツ(5mm幅に切る) …… 30g
フライソース(p.51参照) …… 10g
塩 …… 少々
白こしょう …… 少々

作り方

1. キャベツは耐熱ボウルに入れ、塩、白こしょうをふり、ふんわりとラップをする。600Wの電子レンジで1分ほど加熱する。
2. 塩パンは横から切り込みを入れ、内側ににんにくマヨソースを塗る。
3. 1と縦半分に切ったポテトコロッケをはさむ。仕上げにフライソースをかける。

ポテトサラダ ✕ 食パン

安定のおいしさ

昭和のポテトサラダサンド

ポテトサラダサンドは、サラダ系サンドイッチのなかでも安定した人気があります。
定番すぎてつい見落としがちですが、アレンジしやすく工夫のしがいがあるメニュー
です。じゃがいもはどの品種を使うか、ゆでるか蒸すか、さらにつぶし具合によって
も食感や味わいが変わります。ベースの味付けも、マヨネーズと塩こしょうでシンプ
ルにするか、ビネガーで酸味を付けるのか、どんな副食材を合わせるのかで、味の方
向性が変わります。まずは日本のお惣菜の定番でもある、家庭的な具だくさんポテト
サラダを合わせてみましょう。

ニース風ポテトサラダサンド

じゃがいもは世界中で食されており、その土地ごとの味覚に合う調理法、味付けで楽しまれています。フランスでは、カリッと揚げたフライドポテトやなめらかでクリーミーなじゃがいものピュレは付け合わせの定番です。ほかにもたくさんのじゃがいも料理がありますが、サラダよりもグラタンやスープが一般的です。ここで作るのはフランスのポテトサラダではなく、日本のポテトサラダをフランス風にアレンジしたものです。ヴィネグレットソースを下味に使い、ツナとアンチョビをアクセントにすると酸味と塩味の効いたメリハリのある味わいに。ニース風サラダを連想させる、ちょっとおしゃれなポテトサラダサンドと食パンの組み合わせが新鮮です。

ポテトサラダ ╳ 食パン

安定のおいしさ【昭和のポテトサラダサンドのはさみ方】

パンにマヨネーズを塗ることで、ポテトサラダとパンがしっかりと密着し、一体感のある味わいに。

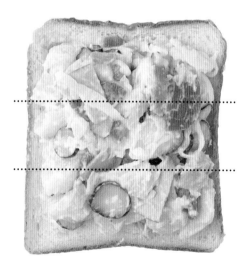

材料(1組分)
角食パン(8枚切り) …… 2枚
マヨネーズ …… 10g
昭和のポテトサラダ(p.25参照) …… 180g
白こしょう……少々

作り方
1. 角食パン1枚の片面にマヨネーズの半量を塗り、昭和のポテトサラダをのせる。
2. もう1枚の角食パンの片面に残りのマヨネーズを塗り、1と合わせる。手のひらで上から全体をやさしく押さえて具材とパンをなじませる。
3. 耳を切り落とし、3等分に切る。仕上げに白こしょうをふる。

組み立てのポイント
ポテトサラダのなかに、たまねぎ、きゅうり、にんじん、ハムなど食材がたっぷりと入っているので、これだけで彩りもよく、豊かな味わいに仕上がります。じゃがいものゴロゴロ感を生かすと、じゃがいもそのものの味わいと、しっかり調味されたなめらかな部分との味わいのコントラストも楽しめます。ポテトサラダたっぷりの大胆な組み立てが魅力的です。
じゃがいもを小さくつぶすと、パンにはさむ量を少なくできます。薄めのパンに合わせると、上品な仕上がりに。好みのバランスにアレンジできます。

パンに塗るマヨネーズのこと
マヨネーズで調味したサラダには、ポテトサラダのほか、卵サラダ、ツナサラダなどがあります。マヨネーズがたっぷりで、なめらかなペースト状のものは、そのままパンにはさむことができますが、ゴロゴロとかたまりを残したポテトサラダの場合、はさむだけだとパンのなかで安定しません。パンに塗るマヨネーズは、パンと具材を接着させる「のり」として機能します。それと同時に、大切な調味料です。マヨネーズの酸味がアクセントになり、サラダ感がアップします。

おしゃれな味わい【ニース風ポテトサラダサンドのはさみ方】

パンに無塩バターを塗ることで、パンの存在感を生かしながら、個性的な味わいのサラダとのバランスを取りました。

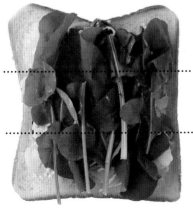

材料(1組分)

角食パン(8枚切り) …… 2枚
無塩バター …… 8g
ニース風ポテトサラダ(p.26参照) …… 180g
ルッコラ …… 5g

作り方

1. 角食パン1枚の片面に無塩バターの半量を塗り、ニース風ポテトサラダをのせ、さらにルッコラをのせる。

2. もう1枚の角食パンの片面に残りの無塩バターを塗り、1と合わせる。手のひらで上から全体をやさしく押さえて具材とパンをなじませる。

3. 耳を切り落とし、3等分に切る。

組み立てのポイント

じゃがいもはクセのない味わいなので、プレーンなポテトサラダをベースにして、組み合わせる食材を自由にアレンジできます。ハムやベーコン、ソーセージの豚肉加工品の組み合わせは定番ですが、ツナやアンチョビ、サーモンなどシーフードもよく合います。ここではツナだけでなく、アンチョビと組み合わせるのがポイントです。しっかりした塩味と旨味がアクセントになります。ブラックオリーブ、ゆで卵、さやいんげんが合わさることで、ニース風サラダを彷彿とさせる味わいに。お好みでセミドライトマトやミニトマトを合わせると彩りよく仕上がります。

パンに塗るバターのこと

パンに何かひとつだけ食材を合わせるなら、一番はバターです。バタートーストを想像してみてください。何がなくともバターさえあれば、パンだけでも食事になります。サンドイッチ作りでもパンにベースとなる油脂類を塗るのが基本です。具材の水分がパンにしみるのを防ぎ、パンと具材を接着させるのが目的です。おいしさを重視するなら、ここでもバターが基本です。迷ったときは、無塩バターが間違いありません。メインの食材やソースの塩味を生かせます。逆に、味付けせずに野菜をそのままはさむなら、有塩バターやフレーバーバター(p.50参照)が効果的です。

ポテトサラダ ✕ 食パン

酸味と香りを楽しむ

北欧風ポテトサラダサンド

なめらかにつぶしたじゃがいもにマヨネーズだけでなくサワークリームも合わせると、心地よい酸味で軽やかな印象に。ヴィネグレットソースとはまた違う、乳由来の酸味が新鮮です。あえて具材を加えずに、シンプルにまとめるのがポイントです。ディルの香りを添えると北欧の味わいに変身します。スモークサーモンとの相性は格別です。薄切りのライ麦食パンに合わせると、噛み締めるほどに味わい深く、具だくさんのポテトサラダにはない、凝縮されたおいしさが楽しめます。

ほっこり和風味

肉じゃがサラダサンド

残り物の和惣菜をパンにはさんだり、ご飯のおともである納豆や海苔の佃煮を
パンに合わせたりするのは、家庭では何気なくやっていることではないでしょ
うか。そんな風に、前日の肉じゃがをパンに合わせてみたのがこのサンドイ
ッチ作りのきっかけです。ここまでご紹介したポテトサラダは、ひとつひとつ
食材、調味料を選び、目指す味わいに向かって組み立てたものですが、肉じゃ
がサラダだけは順番が逆。定番のじゃがいも料理をポテトサラダに変換するな
ら？と試してみると、ほかにも新しい組み合わせが生まれそうです。

ポテトサラダ ✕ 食パン

酸味と香りを楽しむ 【北欧風ポテトサラダサンドのはさみ方】

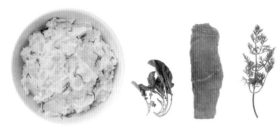

ライ麦食パンに無塩バターを塗ることで、パンの風味を引き立てます。

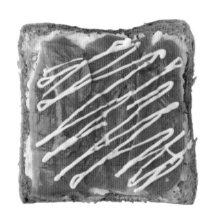

材料(1組分)
ライ麦食パン(12枚切り) …… 2枚
無塩バター …… 10g
北欧風ポテトサラダ(p.26参照) …… 90g
スモークサーモン …… 40g
ルッコラ …… 5g
マヨネーズ …… 2g
ディル …… 少々

作り方
1. ライ麦食パン1枚に北欧風ポテトサラダを塗りのばし、スモークサーモンをのせる。
2. マヨネーズを細くしぼり、ルッコラをのせる。
3. もう1枚のライ麦食パンに無塩バターを塗り、**2**と合わせる。
4. 耳を切り落とし、3等分に切る。仕上げにディルの葉をのせる。

組み立てのポイント
スモークサーモンは人気な食材である一方で、サンドイッチにすると魚特有の臭みが気になることもあります。さわやかな酸味や香りと合わせると、後味がよく、おいしさが長持ちします。ライ麦パンとの相性もよく、ライ麦の個性的な味わいに負けずによいバランスに仕上がります。添えたディルは、北欧料理に欠かせないハーブです。魚介に合うハーブとして知られており、サーモンのほか、エビや卵にもよく合います。

ポテトサラダに具を入れるか、別で合わせるか
昭和のポテトサラダサンド(p.74参照)とニース風ポテトサラダサンド(p.75参照)はポテトサラダに複数の食材を混ぜ合わせて、具だくさんに仕上げています。ポテトサラダ自体に料理として完成された味わいがあるので、そのままパンにはさむだけでおいしいサンドイッチになります。同じ食材を同じ量使う場合、完全に混ぜ合わせてペーストにするのと、ひとつひとつの食材の形状を残してラフに混ぜ合わせるのとでは味わいが変わります。例えば、北欧風ポテトサラダにあらかじめ細かく刻んだスモークサーモンを混ぜ合わせると、ポテトサラダとしては味わいが調和したおいしいものになります。ただ、これをパンにはさんだ場合、混ぜ合わせることで色みがにごりサーモンの味のパンチがなくなります。ここではプレーンなポテトサラダとスモークサーモンを別々に合わせるのが正解です。食材ごとの個性的な味わいが、噛み締めるごとに口内で調和していく変化が楽しめます。

ほっこり和風味【肉じゃがサラダサンドのはさみ方】

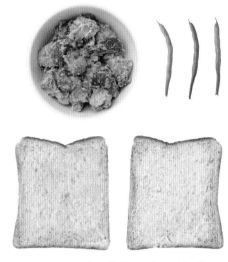

パンにマヨネーズを塗ることで、サラダ感がアップします。1枚には和からしを塗り重ね、アクセントを付けます。

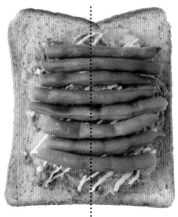

材料(1組分)

全粒粉食パン(8枚切り) …… 2枚
マヨネーズ ……12g
和からし …… 2g
肉じゃがサラダ(p.26参照) …… 180g
さやいんげん(塩ゆで・半分に切る) …… 36g
すりごま(白) …… 少々

作り方

1. 全粒粉食パン1枚の片面にマヨネーズ5gを塗り、和からしを塗り重ねてから肉じゃがサラダをのせる。マヨネーズ2gを細くしぼり、さやいんげんをのせる。

2. もう1枚の全粒粉食パンの片面に残りのマヨネーズを塗り、1と合わせる。

3. 耳を切り落とし、半分に切る。仕上げにすりごまをふる。

組み立てのポイント

残り物の肉じゃがを使う際、水分が多い場合は鍋で軽く炒めて水気を飛ばすか、ザルで水気を切ってからマヨネーズと合わせましょう。じゃがいものつぶし方はお好みで、マヨネーズを合わせるときに自然につぶれる程度で、かたまりを残すのがおすすめです。さやいんげんは彩りに添えました。グリーンリーフなどの葉野菜よりも、肉じゃがとの味、食感のバランスがよく、丸い断面も印象的です。

じゃがいもを使い分ける vol.2

一般的には、ほくほくとした粉質のじゃがいもがポテトサラダに向くとされています。本書でも、ポテトサラダにはキタアカリもしくは男爵を使用しています。肉じゃがサラダは迷うところで、煮崩れせずに形状をしっかり残したい場合は粘質のメークインが向きますし、ほっくり感を重視するなら粉質でも問題ありません。煮崩れしにくいメークインはかたいイメージがありますが、肉質はなめらか。十分に加熱して裏ごしして作るマッシュポテトは、フレンチレストランで出てくるようなクリーミーな舌触りが楽しめます。グラタン・ドフィノア(p.185参照)は、じゃがいもの形状を残したいので、メークインが向きます。これも煮崩れしにくいだけで、食べたときの食感がかたいわけではありません。じゃがいもとポロねぎとソーセージのスープ(p.190参照)では、じゃがいもを煮崩れさせることで程よいとろみを付けたいので、粉質タイプを使いました。加熱時間も短くてすみます。近年は、ほかにも色々な品種が手に入りやすくなっているので、好みの食感、味わいのものを探してみましょう。

ポテトサラダ ✕ 食パン

彩りポテトサラダサンド

じゃがいもを細かくつぶし、合わせる食材も小さく切り揃えることで、いつものポテトサラダが上品な印象に変わります。薄いパンにはさむと、見た目も食感もバランスがよく、繊細な味わいが楽しめます。ティーサンドイッチの一品として卵、ハム、きゅうり、チーズだけのサンドイッチと組み合わせるとよいでしょう。

材料(1組分)
角食パン(12枚切り) …… 2枚
マヨネーズ …… 10g
彩りポテトサラダ(p.25参照) …… 110g

作り方
1. 角食パンの片面に半量ずつマヨネーズを塗る。
2. 彩りポテトサラダをはさむ。手のひらで上から全体をやさしく押さえて具材とパンをなじませる。
3. 耳を切り落とし、4等分に切る。

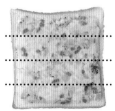

コンビーフポテトのバゲットサンド

コンビーフを合わせたシンプルなポテトサラダは、このままおつまみにもなる大人味です。香ばしいバゲットと合わせてバリバリと噛み締めると、コンビーフとにんにくが調和したコクと旨味が存分に楽しめます。クレソンも忘れずに。心地よい辛みと清涼感で、さわやかな後味に。

材料(1本分)
バゲット …… 1/3本(80g)
にんにくマヨソース(p.49参照) …… 10g
コンビーフポテトサラダ(p.25参照)
…… 80g
クレソン …… 10g

作り方
1. バゲットは横から切り込みを入れ、内側ににんにくマヨソースを塗る。
2. コンビーフポテトサラダとクレソンを順にはさむ。

にんじん✕食パン

バターが香るリッチな甘味

にんじんグラッセのサンドイッチ

フランスの定番サラダ"キャロット・ラペ"は、にんじんのフレッシュな香りとシャキシャキした食感がパンによく合い、サンドイッチの具材としても人気です。一方、にんじんを加熱調理してパンに合わせるとなると、ポテトサラダの彩りとして入るくらい。市販のサンドイッチでも見かける機会はあまりありません。家庭的な煮込み料理には欠かせませんが、にんじんが主役になるメニューは少なく、付け合わせとして使われることがほとんどです。バターと砂糖でこっくりと煮たにんじんのグラッセも、そんな付け合わせのひとつですが、バターのコク、まろやかな甘味、やわらかな食感はパンに合わないわけがありません。料理のなかでは付け合わせでも、パンにはさめばサンドイッチの主役になるのです。

にんじんローストとカッテージチーズのサンドイッチ

ゆでる、蒸す、焼く、揚げるなどの調理方法で食感や味わいが変わるのは、どんな食材にもいえますが、どの調理法が最も適しているかは、求める食感や引き出したい味わいによって異なります。ゆでたり蒸したりするとみずみずしさが増してやわらかく、焼いたり揚げたりすると水分量が減り、味わいも食感も凝縮します。焼くといっても、フライパンで焼くのか、オーブンで焼くのか、さっと焼くのか時間をかけてじっくり焼くのか、様々な焼き方があります。また、丸ごと焼くのか小さく切るのか、そのサイズによっても仕上がりは違います。オーブンでじっくりローストしたにんじんは、最小限の味付けだけで旨味と甘味が増します。リッチな調味料によって味を膨らませるグラッセとは正反対の調理法ですが、それぞれにしか出せない味わいの魅力があります。

にんじん ✕ 食パン

バターが香るリッチな甘味【にんじんグラッセのサンドイッチのはさみ方】

にんじんのグラッセの調理されたバターの香りと、パンに塗ったバターそのものの風味が調和し、調味料としてのバターの魅力が実感できます。シンプルながらもリッチな味わいが楽しめるのはバターがあってこそです。

材料(1組分)
角食パン(10枚切り) ⋯⋯ 2枚
無塩バター ⋯⋯10g
にんじんのグラッセ(下記参照) ⋯⋯ 65g

作り方
1. 角食パン1枚の片面に無塩バターの半量を塗り、写真を参考ににんじんのグラッセを並べる。カットする箇所に大きめのにんじんをずらしながら並べるときれいな断面が出る。小さめのものは、耳より8mm程度内側に収まるように、必要であればさらに切って並べるとよい。

2. もう1枚の角食パンの片面に残りの無塩バターを塗り、1と合わせる。手のひらで上から全体をやさしく押さえて具材とパンをなじませる。

3. 耳を切り落とし、3等分に切る。

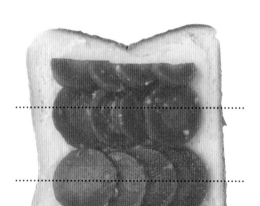

【にんじんのグラッセ】
(作りやすい分量)

1 にんじん1本(150g)は、皮をむき7mm厚さの輪切りにする。にんじんは先に向かって細くなるので、大きなものと小さなものができる。パンにはさむときは、断面の仕上がりをイメージしてサイズを選ぶ。

2 鍋に1、グラニュー糖50g、無塩バター20g、塩5g、白こしょう少々、ローリエ1枚を入れ、ひたひたになるまで水を加えて中火にかける。沸いてきたら火を弱め、にんじんがやわらかくなるまで煮る。

じっくり焼いて旨味凝縮

【にんじんローストとカッテージチーズのサンドイッチのはさみ方】

材料(1組分)

ライ麦食パン（12枚切り）…… 2枚
カッテージチーズ …… 70g
はちみつ …… 4g
にんじんのロースト（下記参照）…… 55g
黒こしょう（粗挽き）…… 少々

作り方

1. カッテージチーズとはちみつを混ぜ合わせる。

2. ライ麦食パン1枚の片面に1の半量を塗り、写真を参考ににんじんのローストを縦に並べる。

3. もう1枚のライ麦食パンの片面に1の残りを塗り、2と合わせる。手のひらで上から全体をやさしく押さえて具材とパンをなじませる。

4. 耳を切り落とし、4等分に切る。仕上げに黒こしょうをふる。

ライ麦と相性のよいはちみつをカッテージチーズと合わせることで甘味と酸味のバランスが整い、パンの風味が引き立ちます。たっぷりのカッテージチーズは、スティック状のにんじんを固定させる役割もあります。

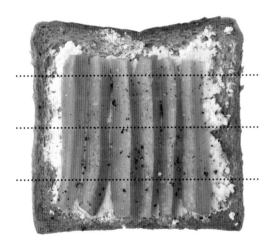

【にんじんのロースト】
（作りやすい分量）

1 黄にんじん適量は、皮をむき半分の長さに切ってから、スティック状に切る。

2 オーブンシートを敷いたバットに黄にんじんを並べる。タイム、ローリエ各適量をのせ、塩、白こしょう各少々をふり、E.V.オリーブ油適量を全体にかける。180℃に予熱したオーブンで30分ほど焼く。

にんじん ✕ 食パン + 具材アレンジ！

揚げにんじんとフムスのライ麦パンサンド

にんじんの素揚げはおすすめの調理法のひとつです。オーブンで焼くよりも短時間で、確実に旨味と甘味が凝縮します。油で調理することで、β-カロテンが効率よく摂れるというメリットもあります。にんじん入りのフムスと合わせると、スパイシーな香りとコクで野菜だけでも満足度の高い味わいに。甘いディルの香りやライ麦食パンの個性とも調和した印象的なおいしさです。

材料（1組分）

ライ麦食パン（12枚切り）…… 2枚
にんじんフムス（p.38参照）…… 40g
にんじんの素揚げ（8mmの輪切り・p.43参照）
…… 15g
ディル …… 少々

作り方

1. ライ麦食パンの片面ににんじんフムスを半量ずつ塗る。
2. にんじんの素揚げとディルの葉をはさむ。手のひらで上から全体をやさしく押さえて具材とパンをなじませる。ディルの葉は仕上げ用に少量取っておく。
3. 耳を切り落とし、4等分に切る。仕上げにディルの葉をふる。

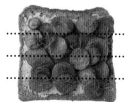

にんじんとチキンのクロワッサンサラダサンド

加熱の加減は色々あり、じっくり加熱するのではなく、さっと火を通すだけでよいものもあります。ピーラーで薄切りにしたにんじんは、加熱しすぎるとボリュームがなくなります。軽い加熱で食感を生かすと、サラダ感がありつつも特有の臭みがやわらぎ、生食にはない甘味が引き出せます。レモンとにんにくの香りがアクセントになり、クロワッサンのリッチな味わいが生きてきます。

材料(1組分)

クロワッサン……1個(50g)
レモンバター(p.50参照)……10g
ルッコラ……6g
チキンサラダ(p.60参照)……28g
にんじん(ピーラーで薄切り・p.20参照)
……30g
にんにくマヨソース(p.49参照)……4g
くるみ(ロースト)……5g
レーズン……4〜6粒
塩……少々
白こしょう……少々

作り方

1. にんじんは耐熱ボウルに入れ、塩、白こしょうをふる。ふんわりとラップをし、600Wの電子レンジで1分半ほど加熱する。
2. クロワッサンは横から切り込みを入れ、内側にレモンバターを塗る。
3. ルッコラ、チキンサラダをはさむ。チキンサラダの上ににんにくマヨソースをしぼって1をのせ、粗く刻んだくるみとレーズンをのせる。

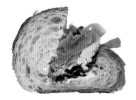

にんじん ✕ 食パン + 具材アレンジ！

にんじんグラッセのクロック・ムッシュ

こっくり甘めに仕上げたにんじんグラッセは乳製品との相性がよく、ベシャメルソースやチーズによく合います。クロック・ムッシュに合わせると、野菜不足と彩り不足が同時に解消され、満足度の高い一品に仕上がります。小ぶりな食パンを使うのもポイントです。濃厚な味わいも、少し小さめにすることで、最後のひと口までおいしく食べきれます。

材料(1組分)

ミニ角食パン(12mmスライス)
…… 2枚(25g/枚)
無塩バター …… 3g
ベシャメルソース(p.46参照) …… 36g
にんじんのグラッセ(p.86参照) …… 30g
ももハム …… 1枚(15g)
シュレッドチーズ …… 15g
イタリアンパセリ(ドライ) …… 少々

作り方

1. ミニ角食パン1枚の片面に無塩バターを塗り、ももハムをのせる。ももハムの上にベシャメルソース12gを塗り、にんじんのグラッセを並べる。

2. もう1枚のミニ角食パンの片面にベシャメルソース12gを塗り、1と合わせる。手のひらで上から全体をやさしく押さえて具材とパンをなじませる。

3. 残りのベシャメルソース12gを2の上に塗り、シュレッドチーズをのせる。

4. 210℃に予熱したオーブンでチーズが溶けるまで焼く。

5. 半分に切り、仕上げにイタリアンパセリをふる。

にんじんローストのジャンボン・ブール

フランスの定番バゲットサンド"ジャンボン・ブール"のおいしさは、バターとハムだけだからこそで、咀嚼することで口のなかで調和する味わいが魅力です。野菜が入らないから水っぽくならず、バゲットの食感が最大限楽しめるのです。その点、じっくりとローストしたにんじんは、水分が飛んで凝縮しており、バゲットの食感によく合います。しっかりと噛み締めて素材の味を堪能しましょう。

材料(1本分)

バゲット …… 1/3本(80g)
無塩バター …… 10g
にんじんのロースト(p.87参照) …… 30g
ももハム ……2 枚(30g)

作り方

1. バゲットは横から切り込みを入れ、内側に無塩バターを塗る。
2. ももハムとにんじんのローストを順にはさむ。

かぼちゃ✕食パン

ずっしり重量感

かぼちゃサラダのトーストサンド

かぼちゃは加熱するとほっくりとやわらかく、特有の食味と食感で、マヨネーズ系の
サラダに向きます。ポテトサラダのように味付けや具材を変えれば、様々なアレンジ
が楽しめます。じゃがいもと違うのは、かぼちゃにはスイーツにもなるほどの強い甘
味があることです。甘さがおいしさである一方で、ただマヨネーズを合わせるだけで
はサラダとしてのバランスは取れません。一品だけ野菜を加えるなら、たまねぎがよ
いでしょう。たまねぎの香りやコクと合わさることで、かぼちゃが料理に変わります。
ここでは、たまねぎ入りのドレッシングが隠し味になり、かぼちゃとマヨネーズが調
和します。ほぼかぼちゃだけの重量感あるサラダと、トーストした全粒粉パンの香ば
しさがよく合います。

ごろっと食感

かぼちゃサラダサンド

かぼちゃサラダにさらに食材を加えるなら、かぼちゃの甘味やコクに負けないものを
選びましょう。食肉加工品なら、マイルドなハムよりも塩味とスモークの香りが効い
たベーコンがよく合います。生野菜を合わせるなら、塩もみきゅうりよりも、香りの
強いルッコラが合います。オニオンスライスも合わないわけではないのですが、フラ
イドオニオンの方がその香ばしさが濃厚なかぼちゃの味わいにマッチします。味付け
はマヨネーズだけよりも、香味野菜のアクセントを利かせた方が、料理らしい味わい
になります。こんな風に、それぞれの食材の個性が生きる組み立てを考えながら足し
算をすると、何気ないサンドイッチが特別な一品に変わります。

かぼちゃ ✕ 食パン

ずっしり重量感【かぼちゃサラダのトーストサンドのはさみ方】

材料(1組分)
全粒粉食パン(10枚切り) ‥‥‥ 2枚
無塩バター ‥‥‥10g
基本のかぼちゃサラダ(p.28参照) ‥‥‥ 120g

作り方
1. 全粒粉食パンは軽く焼き色が付く程度にトーストする。
2. 全粒粉食パン1枚の片面に無塩バターの半量を塗り、基本のかぼちゃサラダをのせる。
3. もう1枚の全粒粉食パンの片面に残りの無塩バターを塗り、**2**と合わせる。手のひらで上から全体をやさしく押さえて具材とパンをなじませる。
4. 耳を切り落とし、3等分に切る。

組み立てのポイント
基本のかぼちゃサラダは、調味料以外にたまねぎが入っているだけ。ほぼかぼちゃなので、ずっしり詰まっていて食べ応えがある一方で、重くもあります。パンにそのままはさむと、パンとかぼちゃがなじんで一体化してより重く感じることも。トーストすることでパンの表面が焼きかたまり、ずっしり詰まったかぼちゃサラダを合わせてもパンがつぶれにくくなります。また、味の境目がはっきりし、パンとかぼちゃ、それぞれの味わいが引き立ちます。シンプルな組み合わせだからこそ、トーストするだけで味のバランスが変わります。

食パンの使い分けと、トーストの有無

サンドイッチの基本になるのは白いプレーンな食パンです。しっとりきめ細かな生地はやさしい味わいで、どんな食材も受け止めてくれる白いお皿のような存在です。白い食パンの上品な味わいに比べると、茶色い食パンは素朴な味わいと香ばしさがあります。プレーンな角食パンが白米、茶色い全粒粉食パンが玄米のようなものと考えると組み合わせがイメージしやすいかもしれません。白いパンには穏やかな味わいの具材が、茶色いパンはパン自体の味が強いのでパンに負けない強い味わいの具材が合います。また、全粒粉食パンはトーストサンドにも向きます。香ばしさがプラスされるとパン自体の味わいが強化され、シンプルな組み合わせでも味のメリハリが出ます。表面がパリッと焼きかたまることで、ずっしりした具材をはさんでもパンがつぶれにくく、断面が安定することもメリットです。

ごろっと食感 【かぼちゃサラダサンドのはさみ方】

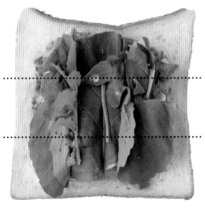

材料(1組分)

角食パン(10枚切り) …… 2枚
無塩バター …… 10g
ベーコンとフライドオニオン入りかぼちゃサラダ
(p.28参照) …… 100g
にんにくマヨソース(p.49参照) …… 2g
ルッコラ …… 4g
フライドオニオン(市販品) …… 少々

作り方

1. 角食パン1枚の片面に無塩バターの半量を
塗り、ベーコンとフライドオニオン入りかぼ
ちゃサラダをのせる。にんにくマヨソースを
細くしぼり、ルッコラをのせる。

2. もう1枚の角食パンの片面に残りの無塩バ
ターを塗り、1と合わせる。手のひらで上か
ら全体をやさしく押さえて具材とパンをなじ
ませる。

3. 耳を切り落とし、3等分に切る。仕上げに
フライドオニオンをふる。

組み立てのポイント

かぼちゃサラダを作るときに混ぜすぎないよ
うにすると、ごろっとしたかたまりと、つぶ
れたかぼちゃと調味料となじんでペースト状
になった部分に分かれます。ベーコンとフラ
イドオニオンがペースト状になった部分と合
わさることで、食材ごとの味の個性が楽しめ
ます。ルッコラの清涼感とにんにくマヨソー
スの香りもアクセントになり、かぼちゃの甘
さに引っ張られず大人っぽい味わいにまとま
ります。

葉野菜の選び方

サンドイッチの彩りに緑の葉野菜は欠かせま
せん。少量添えるだけで、仕上がりの印象が
変わり、サラダ感が増します。グリーンリー
フは鮮やかな緑が美しく、クセがないので万
能ではありますが、特別な味わいとはいえま
せん。香りや味が強い葉野菜の方が、温野菜
に負けずにそれぞれの個性を引き立てます。
迷ったときにおすすめなのが、ルッコラで
す。ほのかな辛みと、さわやかな香りは、少
量でもよいアクセントになります。より強い
味わいが必要なときはクレソンを。はっきり
とした辛みと清涼感はパンチがあります。和
の組み合わせなら、春菊もよいでしょう。特
有の香りと、ほろ苦さはほかにない味わいで
す。

かぼちゃ ✕ 食パン + **具材アレンジ!**

素揚げかぼちゃとベーコンとルッコラのサンドイッチ

素揚げしたかぼちゃは表面はカリッと香ばしく、なかはほっくり甘く、口のなかで味わいの変化が
楽しめます。熱々のうちにたまねぎ風味のドレッシングでマリネすると、酸味やコクがプラスされ、
かぼちゃのおいしさが存分に引き出されます。甘酸っぱいオニオンチャツネ、黒こしょうの効いた
パストラミビーフ、さわやかなルッコラと組み合わせて、個性的な味覚の調和を楽しみましょう。

材料(1組分)
全粒粉食パン(8枚切り) …… 2枚
無塩バター ……10g
レッドオニオンチャツネ(p.34参照) …… 15g
素揚げかぼちゃのマリネ※ …… 42g
パストラミビーフ …… 28g
ルッコラ …… 4g
にんにくマヨソース(p.49参照) …… 2g

※素揚げかぼちゃのマリネ
かぼちゃは6mm厚さ、5cm長さの薄切りにす
る。180℃に熱した油で揚げ、熱いうちにた
まねぎドレッシング
(p.47参照)と合わせ
る。ドレッシングの
分量はかぼちゃ全体
にからむ程度でよい。

作り方
1. 全粒粉食パンは軽く焼き色が付く程度に
トーストする。
2. 全粒粉食パン1枚の片面に無塩バターの半
量を塗り、レッドオニオンチャツネを塗り重
ねる。素揚げかぼちゃのマリネをのせ、パス
トラミビーフをのせる。にんにくマヨソース
を細くしぼり、ルッコラをのせる。
3. もう1枚の全粒粉食パンの片面に残りの無
塩バターを塗り、**2**と合わせる。手のひらで
上から全体をやさしく押さえて具材とパンを
なじませる。
4. 耳を切り落とし、3等分に切る。

パンプキンクリームチーズのベーグルサンド

かぼちゃのなめらかさはクリームチーズと好相性。レーズンの甘味と酸味、かぼちゃの種の食感、黒こしょうの刺激をプラスすることで、変化のある味わいが楽しめます。ベーグルとの組み合わせは間違いありません。ベーグルは軽くトーストし、表面をカリッとさせるのがおすすめです。焼きたてにはさむと、クリームチーズがとろけて、濃厚な味わいが引き立ちます。

材料(1個分)
ベーグル(プレーン) …… 1個(100g)
パンプキン＆クリームチーズ(p.28参照)
…… 130g

作り方
1. ベーグルは横から半分に切り、軽くトーストする。
2. パンプキン＆クリームチーズをはさむ。

ブロッコリー ✕ 食パン

ブロッコリーは、さっと塩ゆでして歯応えを残すのがポイントです。つぼみ部分の鮮やかな緑と軸の淡い色合いのグラデーションが美しく、サンドイッチに彩りを添えます。クリームチーズや卵サラダなどのペースト系フィリングと組み合わせると、パンのなかで安定します。

ブロッコリーサラダサンド

材料(1組分)
全粒粉食パン(10枚切り) …… 2枚
黒こしょうクリームチーズ※ …… 40g
ブロッコリーサラダ【p.31参照】 …… 100g

※黒こしょうクリームチーズ
(作りやすい分量)
クリームチーズ100gに黒こしょう(粗挽き)5gを混ぜ合わせ、塩少々で味を調える。

作り方
1. 全粒粉食パンの片面に黒こしょうクリームチーズを半量ずつ塗る。
2. ブロッコリーサラダをはさむ。
3. 耳を切り落とし、3等分に切る。

ブロッコリーと卵サラダのサンドイッチ

ブロッコリーと卵は相性のよい組み合わせ。味わいはもちろん、黄色と緑のコントラストが目を引きます。にんにくマヨソースはブロッコリーのおいしさを引き立てると同時に、パンと卵サラダを固定させる役割もあります。食材とパンがしっかり密着していると、食べやすさと断面の美しさを両立できます。

材料（1組分）

全粒粉食パン（10枚切り）…… 2枚
にんにくマヨソース（p.49参照）…… 22g
卵サラダ（p.60参照）…… 75g
ブロッコリー（小房に分けて塩ゆで・
p.20参照）…… 75g

作り方

1. 全粒粉食パンの片面ににんにくマヨソースを8gずつ塗る。
2. 1の1枚に卵サラダを塗り重ね、にんにくマヨソース3gを細くしぼる。
3. ブロッコリーは7mm厚さにスライスし、2にのせる。にんにくマヨソース3gを細くしぼり、もう1枚の全粒粉食パンではさむ。
4. 耳を切り落とし、3等分に切る。

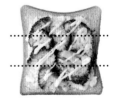

カリフラワー × 食パン

サンドイッチ作りでは鮮やかな色の食材が好まれますが、彩りを重視するあまり同じような見た目になってしまうこともあるものです。無彩色のカリフラワーは一見地味ですが、白さが生きる組み合わせにすると印象が変わります。カリフラワーのフリッターを大胆にはさんだサンドイッチは、にんじんのフムスと組み合わせるとカリフラワーの存在感が増します。

カリフラワーフリッターとにんじんフムスのサンドイッチ

材料(1組分)
角食パン(12枚切り) …… 2枚
にんじんフムス(p.38参照) …… 50g
カリフラワーのフリッター(p.41参照)
…… 6個

＊カリフラワーのフリッターの代わりに
セージのフリッター(p.41参照)を使って
もよい。

作り方
1. 角食パンの片面ににんじんフムスを半量
ずつ塗る。
2. カリフラワーのフリッターをはさむ。
3. 耳を切り落とし、4等分に切る。

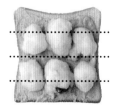

カリフラワーのサブジサラダサンド

ゆでるだけだと淡白な印象のカリフラワーが、スパイスとマッチして野菜だけでも食べ応え十分な味わいに。蒸し焼きにすることでほっくりし、葉は食感と彩りのアクセントになっています。にんにくマヨソースの香りが食欲をそそり、後を引くおいしさです。

材料（1組分）
全粒粉食パン（10枚切り）…… 2枚
にんにくマヨソース(p.49参照) …… 12g
カリフラワーのサブジサラダ
(p.31参照) …… 120g

作り方
1. 全粒粉食パンの片面ににんにくマヨソースを半量ずつ塗る。
2. カリフラワーのサブジサラダをはさむ。
3. 耳を切り落とし、3等分に切る。

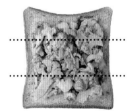

ほうれん草 ✕ 食パン

和食ではおひたしやごま和えが定番のほうれん草ですが、フランス料理ではバターソテーが基本です。強めの火加減でさっと炒めると水っぽくならず、色鮮やかに仕上がります。レストランでは茎を取り、葉だけを使います。これを薄切りのトーストにはさむと、ほうれん草がぎゅっと凝縮され濃厚な味わいに。ほうれん草好きにはたまらないおいしさです。

ほうれん草ソテーのサンドイッチ

材料(1組分)

全粒粉食パン(10枚切り) …… 2枚
無塩バター …… 10g
ほうれん草のバターソテー※ …… 90g
黒こしょう(粗挽き) …… 少々

※ほうれん草のバターソテー
(作りやすい分量)
フライパンに無塩バター30gを強めの中火で熱し、無塩バターが溶けたら茎を取ったほうれん草(ざく切り)150gを入れて炒める。塩、白こしょう各少々で味を調える。

作り方

1. 全粒粉食パンは軽く色付く程度にトーストし、片面に無塩バターを半量ずつ塗る。
2. ほうれん草のバターソテーをはさむ。
3. 耳を切り落とし、4等分に切る。仕上げに黒こしょうをふる。

B.S.T.バーガー

B.L.T.のレタスの代わりにほうれん草Spinachを合わせたミニバーガー。オリーブ油でソテーした
ほうれん草と焼きトマトがとろっととろける、ジューシーな味わいが魅力です。にんにくマヨソー
スのコクで、それぞれの素材の個性が引き立ちます。リッチなパンに合わせると味に奥行きが出て、
シンプルながらも満足度がアップします。

材料(1個分)

バターロール(丸型) …… 1個(40g)
にんにくマヨソース(p.49参照) …… 7g
ベーコン(8mmスライス) …… 1枚(50g)
トマト(8mmの輪切り) …… 1切れ(40g)
ほうれん草のオイルソテー※ …… 35g
E.V.オリーブ油 …… 少々
塩 …… 少々
黒こしょう(粗挽き) …… 少々

※ほうれん草のオイルソテー
(作りやすい分量)
フライパンにE.V.オリーブ油大さじ1とに
んにく(皮をむき芯を取る)1/2片を強めの
中火で熱し、にんにくの香りが出てきた
ら、ほうれん草(ざく切り)150gを加えて
炒める。塩、白こしょう各少々で味を調える。

作り方

1. フライパンにE.V.オリーブ油を中火で熱
し、トマトを焼く。焼き色が付いたら裏返し
て裏面も焼き、塩、黒こしょうをふる。
2. ベーコンはフライパンで両面をこんがり
焼き、ペーパータオルで余分な脂を押さえ取
り、3等分に切る。
3. バターロールは上下半分に切り、内側に
にんにくマヨソース5gを塗る。
4. 3の下のパンに2と1を順にのせる。トマ
トの上ににんにくマヨソース2gを塗ってか
らほうれん草のオイルソテーをのせ、黒こし
ょうをふって上のパンと合わせる。

ビーツ ✕ 食パン

特有の土臭い香りとふくよかな甘味が持ち味です。ビーツは個性的な味わいだけでなく、色みを生かすと魅力的なメニューになります。鮮やかな赤紫色は染料にも使われるほど。この色素は水溶性で、ビーツの代表メニューである"ボルシチ(p.191参照)"が赤いのもそのためです。サンドイッチには、ソースやサラダにして彩りを楽しみましょう。真っ白なベシャメルソースも、深みのあるピンク色に染まります。

ビーツのクロック・ムッシュ

材料(1組分)

角食パン(8枚切り) …… 2枚
無塩バター …… 6g
ももハム …… 1枚(25g)
ビーツ入りベシャメルソース※ …… 70g
シュレッドチーズ …… 20g
イタリアンパセリ(ドライ) …… 少々

※ビーツ入りベシャメルソース
(作りやすい分量)
ベシャメルソース(p.46参照)200gにビーツ
(加熱後5mmの角切り・水煮でも可)50g
を合わせてよく混ぜながら弱火で温める。

作り方

1. 角食パンは片面に無塩バターを半量ずつ塗り、ももハム、ビーツ入りベシャメルソース50gの順にはさむ。
2. 残りのビーツ入りベシャメルソースを1の上に塗りのばし、シュレッドチーズをのせる。
3. 210℃に予熱したオーブンでチーズが溶けるまで焼く。
4. 仕上げにイタリアンパセリをふり、半分に切る。

ビーツサラダと生ハムのクロワッサンサンド

あっさりしてクセのないカッテージチーズとビーツの個性が調和したサラダは、ピンクの色合いと
スイーツのような味わいが魅力的。バターが香るクロワッサンのさっくりした歯応えに、ふんわり
したサラダがよく合います。生ハムと組み合わせると甘じょっぱい大人味に。ルッコラのさわやか
な辛みと黒こしょうのアクセントが効いた、メリハリのある味わいです。

材料(1個分)
クロワッサン …… 1個(50g)
無塩バター …… 5g
ルッコラ …… 6g
生ハム(プロシュート) ……1枚(10g)
ビーツとカッテージチーズのサラダ※
…… 50g
黒こしょう(粗挽き) …… 少々

※ビーツとカッテージチーズのサラダ
(作りやすい分量)
ビーツ(加熱後8mmの角切り・水煮でも
可)20g、ビーツとラズベリーのジャム
(p.53参照)20g、カッテージチーズ40gを
混ぜ合わせる。

作り方
1. クロワッサンは横から切り込みを入れ、
内側に無塩バターを塗る。
2. ルッコラ、生ハム、ビーツとカッテージ
チーズのサラダを順にはさみ、黒こしょうを
ふる。

アスパラガス ✕ 食パン

ホワイトもグリーンも、同じアスパラガスで、土をかぶせて遮光して軟白栽培するとホワイトアスパラガスになります。ホワイトアスパラガスは皮をむき、じっくりやわらかくゆでることで甘味が引き出され、上品な味わいに。一方、グリーンアスパラガスは全ての皮をむく必要はなく、シャキッとした食感を残すと青くさわやかな味わいが楽しめます。ホワイトアスパラガスは、ヨーロッパでは春を告げる味。定番の卵と合わせてシンプルに味わいましょう。

ホワイトアスパラガスと卵のサンドイッチ

材料(1組分)

角食パン(8枚切り) …… 2枚
レモンバター(p.50参照) ……10g
ハーブ卵サラダ※…… 1枚(25g)
ホワイトアスパラガス(塩ゆで・p.21参照)
…… 3本(75g)
ルッコラ …… 10g
マヨネーズ …… 3g

※ハーブ卵サラダ(作りやすい分量)
ゆで卵2個を目の細かい裏ごし器でつぶし(または細かく刻む)、塩、白こしょう各々をふって下味を付けてからマヨネーズ20gとハーブ(ディル、イタリアンパセリ、チャービルなど)のみじん切り小さじ1と混ぜ合わせる。

作り方

1. 角食パン1枚の片面にレモンバターの半量を塗る。
2. ルッコラをのせ、マヨネーズを細くしぼり、半分の長さに切ったホワイトアスパラガスをのせる。
3. もう1枚の角食パンの片面に残りのレモンバターを塗り、ハーブ卵サラダを塗り重ね、2と合わせる。
4. 耳を切り落とし、3等分に切る。

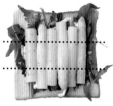

グリーンアスパラガスとベーコンエッグの塩パンサンド

にんにくと一緒にソテーしたグリーンアスパラガスはシャキッと香ばしく、やわらかくゆでたホワイトアスパラガスとは印象が大きく変わります。厚切りのベーコンとスクランブルエッグの朝食風の組み合わせが、塩パンにマッチします。しょうゆ風味のマヨソースと合わせると、気取りのないおいしさに。ホットドッグのように、大胆にかぶりつきましょう。

材料(1個分)

塩パン …… 1個(75g)
しょうゆマヨソース(p.49参照) …… 7g
グリーンアスパラガス …… 3本
ベーコン(8mmスライス) …… 1枚(40g)
スクランブルエッグ※ …… 1食分
にんにく(皮をむき芯を取る) …… 1/2片
E.V.オリーブ油 …… 大さじ1
塩 …… 少々
白こしょう …… 少々

※スクランブルエッグ(1食分)
卵1個をボウルに割り入れ、生クリーム大さじ1、塩、白こしょう各少々と合わせる。フライパンに無塩バター5gを中火で熱し、無塩バターが溶けたら卵を入れ、木べらでふんわりとかき混ぜながら手早く火を通す。

作り方

1. グリーンアスパラガスはかたい根元を取り、ピーラーでかたい皮をむき、斜め半分に切る。フライパンにE.V.オリーブ油とにんにくを中火で熱し、にんにくの香りが出てきたらグリーンアスパラガスを加えて炒める。塩、白こしょうで調味する。
2. ベーコンは半分の長さに切り、フライパンで両面を焼く。
3. 塩パンは横から切り込みを入れ、内側にしょうゆマヨソース5gを塗る。2をはさみ、その上にしょうゆマヨソース2gをしぼってから1、スクランブルエッグを順にはさむ。

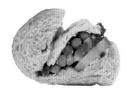

ズッキーニ ✕ 食パン

なすをかたくしたような独特の歯応えが持ち味です。パンに合わせるときは、
歯応えを生かしましょう。大きめに切り、さっと揚げるとコリッとした食感に。
淡白な味わいなので、しっかりした味のソースと合わせるのもポイントです。
和洋中、どんな味付けにも合い、アレンジも楽しめます。

揚げズッキーニのサンドイッチ

材料(1組分)

角食パン(12枚切り) …… 2枚
しょうゆマヨソース(p.49参照) …… 16g
ズッキーニの素揚げ
(縦切り・p.43参照) …… 85g
黒こしょう(粗挽き) …… 少々

作り方

1. 角食パンの片面にしょうゆマヨソースを
半量ずつ塗る。
2. ズッキーニの素揚げを並べてはさむ。
3. 耳を切り落とし、4等分に切る。仕上げに
黒こしょうをふる。

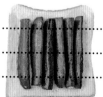

ズッキーニフリッターのサンドイッチ

ズッキーニのフリッターはふんわりさっくりした衣のなかにフレッシュな味わいが閉じ込められて、素揚げとは違うジューシー感があります。レモンとにんにく、香りを楽しむ2種のバターとライ麦の香りの調和が新鮮です。仕上げにはレモンの香りをしっかりまとわせて。揚げ物＋バターの組み合わせなのに、軽やかな後味です。

材料(1組分)

ライ麦食パン(12枚切り) …… 2枚
レモンバター(p.50参照) …… 10g
にんにくバター(p.50参照) …… 10g
ズッキーニのフリッター
(12mmの輪切り・p.41参照) …… 6枚(82g)
レモンの皮(すりおろす) …… 少々

作り方

1. ライ麦食パン1枚の片面にレモンバターを塗り、ズッキーニのフリッターを並べる。
2. もう1枚のライ麦食パンの片面ににんにくバターを塗り、1と合わせる。
3. 耳を切り落とし、4等分に切る。仕上げにレモンの皮をふる。

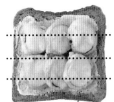

なす ✕ 食パン

そのままだと淡白でサクサクとした食感が、油で調理するととろりとしてコクのある味わいに。やわらかくつぶれやすいので、ほかの具材との組み合わせには注意が必要です。スパイシーなフムスとは相性がよく、おすすめの組み合わせ。たっぷりとパンに塗って合わせると、なすが固定されて、さっくりと切れます。スパイスとコリアンダーが調和した、エスニックな香りが新鮮です。

揚げなすとフムスのサンドイッチ

材料(1組分)
角食パン(8枚切り) …… 2枚
フムス(p.38参照) …… 60g
なすの素揚げ(10mmの輪切り・p.43参照)
…… 8枚(65g)
コリアンダー …… 少々

作り方
1. 角食パンの片面にフムスを半量ずつ塗る。
2. なすの素揚げを並べ、ざく切りにしたコリアンダーをのせてはさむ。コリアンダーは仕上げ用に少量とっておく。
3. 耳を切り落とし、3等分に切る。仕上げにせん切りにしたコリアンダーをふる。

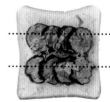

揚げなすとトマトとモッツァレラのホットサンド

普段サンドイッチに使うことの少ない野菜は、料理をイメージして組み合わせるとバランスよくまとまります。なすはイタリア料理にもよく使われ、オリーブ油やトマトソースとの相性が抜群です。オリーブ油をたっぷり吸い込んだなすはコクが出て、さっぱりしたモッツァレラによく合います。バジルの清涼感も効いています。

材料（1組分）

全粒粉食パン（8枚切り）…… 2枚
モッツァレラチーズ（7mmスライス）
…… 50g
なす（10mmの斜め切り）…… 5枚（50g）
バジル ……1.5〜2枚
トマトソース（p.44参照）……30g
無塩バター …… 20g
E.V.オリーブ油 …… 適量
塩 …… 少々
黒こしょう（粗挽き）…… 少々

作り方

1. フライパンにたっぷりのE.V.オリーブ油を中火で熱し、なすを炒め揚げにする。
2. 全粒粉食パン1枚にモッツァレラチーズを並べ、塩、黒こしょうをふる。
3. 1を並べ、バジルをのせる。もう1枚の全粒粉食パンにトマトソースを塗り、2と合わせる。パンの表面に無塩バターを半量ずつ塗る。
4. 200℃に予熱したパニーニグリラーにはさみ、軽くプレスして表面に焼き色が付き、なかのチーズが溶けるまで3分ほど焼く。フライパンでターナーを使って軽くプレスして両面に焼き色が付くまで焼いてもよい。
5. 半分に切る。

111

キャベツ ✕ 食パン

生ではシャキッとみずみずしく、加熱すると甘味が増してやさしい味わいに。キャベツはそれぞれのおいしさが楽しめます。サンドイッチには食感が残る程度に加熱したホットサラダもよく合います。キャベツと触れるパンにはクリームチーズを塗り、さらにパルメザンチーズをふりかけることでパンへの水分移行を防ぎながら旨味アップ。キャベツとハムのシンプルな組み合わせが、食パンによく合います。

キャベツとハムのサラダサンド

材料(1組分)

角食パン(10枚切り) …… 2枚
無塩バター …… 5g
クリームチーズ ……18g
ももハム …… 2枚(30g)
キャベツのホットサラダ
(p.29参照) …… 110g
たまねぎドレッシング(p.47参照) …… 4g
パルメザンチーズ(パウダー) …… 2g

作り方

1. 角食パン1枚の片面に無塩バターを塗り、ももハムをのせ、たまねぎドレッシングを細くしぼる。
2. キャベツのホットサラダをのせ、パルメザンチーズをふる。
3. もう1枚の角食パンの片面にクリームチーズを塗り、2と合わせる。
4. 耳を切り落とし、3等分に切る。

キャベツメンチかつサンド

揚げ物とせん切りキャベツはサンドイッチでも定番の組み合わせですが、ここではメンチかつのなかにたっぷりキャベツを入れました。揚げ物をはさんだだけ。一見無骨なサンドイッチですが、ひと口かじるとキャベツがシャキッと主張します。食べ応えがありながらもヘルシーなおいしさです。

材料（1個分）
バターロール（丸型）…… 1個（40g）
にんにくマヨソース（p.49参照）…… 10g
キャベツメンチかつ（p.40参照）…… 1個
フライソース（p.51参照）……10g
和からし ……1g

作り方
1. バターロールは横から切り込みを入れ、内側ににんにくマヨソースを塗る。上側には和からしを塗り重ねる。
2. キャベツメンチかつにフライソースをかけて1にはさむ。

とうもろこし ✕ 食パン

プチプチとした食感と、ジューシーな甘味はパンとの相性がよく、パン生地に
練り込んだコーンパンも人気があります。卵サラダや、ハム、キャベツとの組
み合わせも美味ですが、ここではあえてとうもろこしだけを楽しみましょう。
粒々のホールコーンをコーンクリームでつないだコーンだらけのサラダは、
とうもろこし好きにはたまりません。黒こしょうを利かせると、引き締まります。

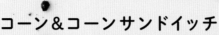

コーン＆コーンサンドイッチ

材料（1組分）
角食パン（10枚切り）…… 2枚
無塩バター …… 5g
コーン＆コーンサラダ（p.31参照）…… 90g
黒こしょう（粗挽き）…… 少々

作り方
1. 角食パン1枚の片面にコーン＆コーンサラ
ダを塗りのばす。
2. もう1枚の角食パンの片面に無塩バターを
塗り、1と合わせる。
3. 耳を切り落とし、3等分に切る。仕上げに
黒こしょうをふる。

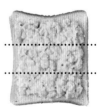

とうもろこし ✕ 食パン

バターしょうゆコーンのトーストポケットサンド

屋台の焼きとうもろこしをイメージしたバターしょうゆ炒めは、懐かしいおいしさです。こちらは
あえてマヨネーズでつないだりせずに、粒感を楽しみましょう。パンにはさむとこぼれ出てしまう
ので、厚切りの食パンに切り込みを入れて、ポケットサンドにしました。パンもトーストすること
で、とうもろこしの香ばしさと相乗します。にんにくマヨソースの香りも食欲をそそります。

材料（1組分）

角食パン（4枚切り）……1枚
にんにくマヨソース（p.49参照）…… 16g
バターしょうゆコーン※ …… 70g

作り方

1. 角食パンは軽く焼き色が付く程度にトー
ストする。縦半分に切り、断面に切り込みを
入れて袋状にする。
2. 内側ににんにくマヨソースを半量ずつ塗
り、バターしょうゆコーンを半量ずつ入れる。

※バターしょうゆコーン
（作りやすい分量）
フライパンに無塩バター15gを中火で熱
し、無塩バターが溶けたらホールコーン
（缶詰・水気を切る）300gを入れて炒め
る。水分が飛び、軽く焼き色が付いてき
たらしょうゆ大さじ1を加えて炒め合わ
せる。

さつまいも✕食パン

ほっくりとしたさつまいもは強い甘味が持ち味です。このままスイーツとしても楽しめますが、食事系のサンドイッチには、にんにく、粒マスタード、黒こしょうなどで強いアクセントを付けるのがポイントです。強い味と合わさることで、甘味に偏らず、野菜としてのコクが引き出せます。また、加熱方法による食感の違いを生かすと、印象が変わります。素揚げにするとカリッと香ばしく、じっくり焼くとねっとりと、形を残してゆでると適度な歯応えを楽しめます。

さつまいもフライのサンドイッチ

材料（1組分）
全粒粉食パン（8枚切り）…… 2枚
はちみつペッパーマヨソース
（p.49参照）…… 17g
さつまいもの素揚げ
（8mm角のスティック切り・p.42参照）……100g

作り方
1. 全粒粉食パンは軽く焼き色が付く程度にトーストする。片面にはちみつペッパーマヨソースを6gずつ塗る。
2. さつまいもの素揚げの半量を並べ、はちみつペッパーマヨソース5gを細くしぼる。残りのさつまいもの素揚げを重ねて並べ、もう1枚の全粒粉食パンと合わせる。
3. 上下の耳を切り落とし、3等分に切る。

さつまいもサラダとベーコンとルッコラのサンドイッチ

粒マスタードとにんにくを利かせたサラダは、甘いだけではない大人味。ベーコンと相性がよく、
黒こしょうの辛みで引き締まります。フライドオニオンが食感のアクセントとコクを、ルッコラが
彩りと清涼感ある後味を添えた、奥行きのある味わいが魅力です。

材料（1組分）
全粒粉食パン（8枚切り）…… 2枚
にんにくマヨソース（p.49参照）…… 8g
さつまいもの粒マスタードサラダ
（p.29参照）…… 85g
ベーコン …… 3枚（28g）
フライドオニオン（市販品）……5g
ルッコラ……4g
黒こしょう（粗挽き）…… 少々

作り方
1. ベーコンはフライパンで両面を焼く。
2. 全粒粉食パンは軽く焼き色が付く程度に
トーストする。
3. 全粒粉食パン1枚の片面にさつまいもの粒
マスタードサラダをのせて塗りのばし、フラ
イドオニオンをのせる。にんにくマヨソース
2gを細くしぼり、**1**をのせ、黒こしょうをふ
る。にんにくマヨソース2gをしぼり、ルッ
コラをのせる。
4. もう1枚の全粒粉食パンの片面ににんにく
マヨソース4gを塗り、**3**と合わせる。
5. 縦半分に切る。

菜の花 ✕ 食パン

独特のほろ苦さと茎のしっかりとした食感が楽しい春の味わいです。深みのあるグリーンも美しく、サンドイッチにすると存在感があります。卵サラダとの組み合わせは、はっきりとした色みのコントラストが魅力的です。和からしを利かせたマヨソースが、菜の花の持ち味を引き出してくれます。

菜の花たまごサンド

材料（1組分）
角食パン（8枚切り）……2枚
からしマヨソース※……7g
卵サラダ（p.60参照）……75g
菜の花（塩ゆでして水気をしぼる）…… 45g

※からしマヨソース（作りやすい分量）
マヨネーズ50gに和からし4gを混ぜ合わせる。

作り方
1. 角食パン1枚の片面に卵サラダを塗りのばし、からしマヨソース2gを細くしぼる。
2. 菜の花をのせ、もう1枚のパンに残りのからしマヨソースを塗って合わせる。
3. 耳を切り落とし、3等分に切る。

里芋 ✕ 食パン

特有のねっとり感が和の味付けによく合います。だしで煮て鶏そぼろを混ぜ込んだ煮物風サラダは、たっぷりのしょうゆマヨソースと合わせることでパンと調和します。小松菜のシャキッとした歯応えとみずみずしさが里芋とマッチした、ホッとするおいしさです。

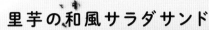

里芋の和風サラダサンド

材料(1組分)

全粒粉食パン(8枚切り) …… 2枚
しょうゆマヨソース(p.49参照)…… 19g
里芋と鶏そぼろのサラダ(p.30参照)
……120g
小松菜(塩ゆでして水気をしぼる)
…… 40g
黒七味 …… 少々

作り方

1. 全粒粉食パンは片面にしょうゆマヨソースを8gずつ塗る。
2. 里芋と鶏そぼろのサラダを塗りのばし、しょうゆマヨソース3gを細くしぼる。
3. 小松菜は食パンのサイズに合わせて切り、2にのせてもう1枚の全粒粉食パンと合わせる。
4. 耳を切り落とし、3等分に切る。仕上げに黒七味をふる。

さやいんげん ✕ 食パン

さっと塩ゆでしたさやいんげんは、シャキッとした歯応えが心地よくほんのり
自然な甘味があります。ライ麦食パンににんにくマヨソースをたっぷり塗って
はさんだだけのシンプルなサンドイッチは、青い豆の香りが存分に楽しめま
す。料理のなかでは主役になりにくい野菜も、サンドイッチにするとその個性
が光ります。ライ麦の香りとの相性もよく、クセになるおいしさです。

さやいんげんサンド

材料(1組分)

ライ麦食パン(12枚切り) …… 2枚
にんにくマヨソース(p.49参照) …… 20g
さやいんげん(塩ゆで) …… 50g

作り方

1. ライ麦食パンの片面ににんにくマヨソー
スを半量ずつ塗る。
2. さやいんげんは食パンのサイズに合わせ
て切り、1にはさむ。
3. 耳を切り落とし、4等分に切る。

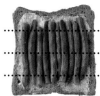

スナップえんどう ✕ 食パン

サクサクした歯応えとやさしい甘味。塩ゆでしてそのまま食べてもおいしく、付け合わせにするだけではもったいない野菜です。ディジョンマスタードを利かせたマヨソースと合わせると、さわやかな味わいが引き立ちます。食パンとマヨネーズと塩ゆでした豆という同じ組み合わせでも、パンの種類、マヨネーズにプラスする調味料の違いで、印象がガラリと変わります。さやいんげんとスナップえんどうのサンドイッチは、ぜひ2種類を食べ比べてみてください。

スナップえんどうサンド

材料(1組分)

角食パン(12枚切り) …… 2枚
マスタードマヨソース(p.49参照) …… 20g
スナップえんどう(塩ゆで) …… 75g

作り方

1. 角食パンの片面にマスタードマヨソースを半量ずつ塗る。
2. スナップえんどうは食パンのサイズに合わせて切る。長さが足りない場合は切ったものを足して、1にはさむ。
3. 耳を切り落とし、4等分に切る。

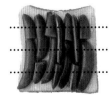

枝豆 ✕ 食パン

枝豆はしっかり塩味を付けることでコクと甘味が引き出されます。粒感を生かすと枝豆らしさが堪能できますが、そのままパンにはさむだけではポロポロこぼれてしまいます。マヨネーズベースのサラダや、クリームチーズなどとろみのある食材と組み合わせると安定し、枝豆の歯応えが際立ちます。ツナサラダとは特に相性がよく、おすすめの組み合わせ。にんにくマヨソースと黒こしょうのアクセントが絶妙で、ビールに合うおつまみサンドとしても楽しめます。

枝豆とツナのサンドイッチ

材料(1組分)

全粒粉食パン(10枚切り) …… 2枚
無塩バター …… 5g
むき枝豆(塩ゆで) …… 50g
ツナサラダ(p.60参照) …… 50g
にんにくマヨソース(p.49参照) …… 8g

作り方

1. 全粒粉食パン1枚の片面に無塩バターを塗り、ツナサラダをのせる。
2. にんにくマヨソース3gを細くしぼり、むき枝豆をのせる。
3. もう1枚の全粒粉食パンの片面ににんにくマヨソース5gを塗って**2**と合わせる。
4. 耳を切り落とし、3等分に切る。

そら豆 ✕ 食パン

そら豆にはほっくりとした食感と個性的な香りがあります。枝豆と同様に塩味を付けることで、ほのかな甘味とコクが引き出せます。新鮮なそら豆は薄皮がやわらかく、皮ごと食べられるものもありますが、サンドイッチにする場合は1粒ずつ皮をむきましょう。マヨネーズベースのサラダと組み合わせて、いつものサンドイッチに加えるだけで春の味に。クリームチーズとの組み合わせもなかなかで、口のなかでやさしく崩れる食感がなめらかなチーズと調和します。

そら豆のサンドイッチ

材料(1組分)
角食パン(12枚切り) ⋯⋯ 2枚
そら豆クリームチーズ(p.35参照) ⋯⋯ 90g
レモンの皮(すりおろす) ⋯⋯ 少々

作り方
1. 角食パン1枚の片面にそら豆クリームチーズを塗りのばし、もう1枚の角食パンと合わせる。
2. 耳を切り落とし、4等分に切る。仕上げにレモンの皮をふる。

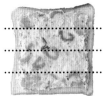

パプリカ ✕ 食パン

生だとシャキシャキした食感でさわやかな印象が、加熱するととろりと甘味とコクが増し濃厚な味わいに変化します。皮にはほのかな苦味があるので、ひと手間かけて皮をむくと、雑味がなくなり甘さとジューシー感が際立ちます。パンにたっぷりクリームチーズを塗ると、パンが湿らずおいしさが保てます。とろりとしたパプリカとカリッとしたトーストの食感のコントラストを楽しみましょう。

パプリカサンド

材料（1組分）
イギリスパン（10枚切り）…… 2枚
クリームチーズ …… 36g
焼きパプリカのマリネ(p.54参照)
…… 55g
黒こしょう（粗挽き）…… 少々

作り方
1. イギリスパンは表面に焼き色が付く程度にトーストし、片面にクリームチーズを半量ずつ塗る。
2. 焼きパプリカのマリネをはさむ。
3. 底面の耳だけ切り落とし、4等分に切る。仕上げに黒こしょうをふる。

万願寺とうがらし✕食パン

辛みのない大きく肉厚の甘とうがらしで、丸ごとグリルにすると持ち味が生かせるのは、パプリカと同じです。甘味よりもほろ苦さが立ち、おだやかな青臭さが心地よい大人味。パプリカは欧風の味付けが合うのに対し、京野菜の万願寺とうがらしは和の味付けがしっくりきます。アボカドやオリーブ油と合わせることで、和に偏りすぎず、パンとの調和が楽しめます。

万願寺とうがらしのサンドイッチ

材料(1組分)

角食パン(10枚切り) …… 2枚
無塩バター …… 10g
アボカド味噌※ …… 40g
万願寺とうがらし …… 3本(40g)
E.V.オリーブ油 …… 適量

※アボカド味噌(作りやすい分量)
アボカド120gは10mm角に切り、レモン果汁大さじ1をかける。みょうが(粗みじん切り)1個、青じそ(せん切り)1枚、味噌50g、E.V.オリーブ油大さじ1と混ぜ合わせる。

作り方

1. 万願寺とうがらしはオーブンシートを敷いたバットにのせてE.V.オリーブ油を全体にかけ、220℃に予熱したオーブンで8〜10分焼く。
2. 角食パンは片面に無塩バターを半量ずつ塗り、さらにアボカド味噌を半量ずつ塗り重ねる。
3. 1の軸を取り、2にはさむ。
4. 耳を切り落とし、4等分に切る。

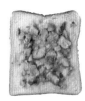

ケール ✕ 食パン

青汁のイメージが強いケールですが、苦味もクセもそれほど強くはありません。ケールチップスは特におすすめの食べ方で、オーブンで焼くことでパリパリと軽やかな食感に、ほのかな苦味が後を引きます。カリッとトーストしたライ麦食パンに黒こしょうを利かせたクリームチーズを塗り、ケールチップスをたっぷりはさめば個性的かつ繊細なサンドイッチに。口のなかでパリパリと崩れていく食感と香りのバランスが楽しく、ほかにはない味わいです。

パリパリケールサンド

材料(1組分)

ライ麦食パン(12枚切り) …… 2枚
黒こしょうクリームチーズ(p.98参照)
…… 20g
パルメザン風味のケールチップス※ …… 20g
たまねぎドレッシング(p.47参照) …… 8g

※パルメザン風味のケールチップス
(作りやすい分量)
ケールは洗って水気をしっかり取り、茎から葉を外し5cm角にちぎる。ボウルに入れ、ケールの葉100gに対し、パルメザンチーズ(パウダー)10gとE.V.オリーブ油大さじ1を合わせて全体にからめる。オーブンシートを敷いた天板にのせ、180℃に予熱したオーブンでパリパリになるまで10分ほど焼く。

作り方

1. ライ麦食パンは表面に焼き色が付く程度に軽くトーストし、片面に黒こしょうクリームチーズを半量ずつ塗る。
2. パルメザン風味のケールチップスの半量をのせ、たまねぎドレッシングを細くしぼる。残りのケールをのせてはさむ。
3. 縦半分に切る。

九条ねぎ ✕ 全粒粉パン

九条ねぎには独特のぬめりがあり、加熱するととろりと甘味が増します。凝縮された旨味は主役級のおいしさで、薬味に使うだけではもったいないほどです。バターで炒めるとコクが増し、パンに合うおいしさに。上質なハムとチーズと合わせるだけで、深みのある味わいが印象的なホットサンドになります。大量のねぎを使う料理には、関西風のねぎ焼きがありますが、粉物料理に合うということからもパンとの相性のよさが想像できるのではないでしょうか。

九条ねぎソテーのハムチーズサンド

材料(1組分)

全粒粉パン(なまこ型・12mmスライス)
…… 2枚
無塩バター …… 28g
ももハム …… 1枚(15g)
チェダーチーズ(ホワイト・スライス)
…… 2枚(38g)
九条ねぎのバターソテー※ ……1食分

※九条ねぎのバターソテー(1食分)
フライパンに無塩バター10gを中火で熱し、無塩バターが溶けたら、九条ねぎ(斜め1cm幅に切る)60gを入れて炒め、塩、白こしょう各少々で味を調える。

作り方

1. 全粒粉パンの片面に無塩バターを4gずつ塗る。
2. ももハム、チェダーチーズ、九条ねぎのバターソテーを順にのせてはさむ。全粒粉パンの表面に無塩バターを10gずつ塗る。
3. 200℃に予熱したパニーニグリラーに2をはさみ、軽くプレスして表面に焼き色が付き、なかのチーズが溶けるまで3分ほど焼く。
4. 半分に切る。

ごぼう ✕ 食パン

ごぼうは素揚げにするとサクサクとした歯応えに。実はある程度厚みがある方が噛み切りやすく、パンと調和します。特有の土臭さやえぐみも揚げることで力強いおいしさに変わり、さらにキャラメリゼすることで素材の個性が引き立ちます。ごぼうは牛肉との相性がよく、ローストビーフとの組み合わせは間違いありません。地味なごぼうの滋味豊かな味わいに驚かされます。

ごぼうのキャラメリゼとローストビーフのサンドイッチ

材料（1組分）

ライ麦食パン（12枚切り）…… 2枚
無塩バター …… 10g
ごぼうのキャラメリゼ※…… 60g
ローストビーフ（スライス）…… 50g
グレービーソース（市販品）…… 5g
クレソン …… 8g
たまねぎドレッシング（p.47参照）…… 5g
塩、白こしょう、黒こしょう（粗挽き）…… 各少々

※ごぼうのキャラメリゼ（作りやすい分量）
ごぼう（5mm厚さの斜め切り）100gは180℃に熱した油で素揚げにする。フッ素樹脂加工のフライパンにバルサミコ酢大さじ1とグラニュー糖大さじ1/2を中火で熱し、グラニュー糖が溶けたら、ごぼうの素揚げを加えて焦がさないようにからめながら煮詰め、塩少々で味を調える。

作り方

1. ローストビーフはバットに広げ、塩、白こしょう、グレービーソースをかける。
2. ライ麦食パンの片面に無塩バターを半量ずつ塗る。
3. 1をのせ、たまねぎドレッシング2gを細くしぼる。ごぼうのキャラメリゼをのせ、さらにたまねぎドレッシング3gを細くしぼり、クレソンをのせてもう1枚のライ麦食パンではさむ。
4. 耳を切り落とし、3等分に切る。仕上げに黒こしょうをふる。

＊ごぼうはおもに日本以外の国では食されておらず、ごぼうサラダやきんぴらごぼうのサンドイッチも日本だけのものですが、自由に調理すると新しいおいしさが見つかります。

れんこん ✕ 塩パン

れんこんはアジアでは食べられているものの、ごぼうと同様に欧米では食べる習慣はありません。とはいえ、パンに合わないわけではありません。じっくりとソテーしてカリッとさせると、パンと一緒に噛み締めるごとに深い味わいに。からしれんこんをイメージした白味噌マスタードとのバランスが絶妙でパンになじみます。ハムではなく焼豚を、ルッコラではなく春菊を合わせることで、サンドイッチらしい構成を保ちつつも、ひねりのあるおいしさが楽しめます。

れんこんと焼豚の塩パンサンド

材料(1個分)

塩パン …… 1個(75g)
マヨネーズ …… 10g
れんこんソテー※…… 40g
焼豚(市販品・スライス) …… 40g
春菊 …… 5g
白味噌マスタード(p.51参照) …… 10g

※れんこんソテー(作りやすい分量)
れんこん適量は薄く皮をむき、5mm厚さの輪切りにする。フライパンにE.V.オリーブ油少々を中火で熱し、れんこんを焼く。両面に焼き色が付くまでじっくり焼き、塩、黒こしょう(粗挽き)各少々で味を調える。

作り方

1. 塩パンは横から切り込みを入れ、内側にマヨネーズ8gを塗る。
2. 春菊をはさみ、マヨネーズ2gを細くしぼり焼豚をのせる。焼豚の上に白味噌マスタードを塗り、れんこんソテーをはさむ。

ピンクのジャンボン・ブール
（ビーツのフムス）

フランスの定番サンドイッチ"ジャンボン・ブール"は、ハムとバターだけの削ぎ落とされたおいしさが魅力です。アレンジするなら、ほんの少しの足し算が正解です。基本形を保ちながら、バゲットとハムの味わいを引き立てる野菜を合わせましょう。ビーツのフムスは、鮮やかな色みが目を引きます。バゲットの食感を生かしながらもヘルシーに。個性的な香りとコクが新鮮です。

材料（1本分）

バゲット …… 1/3本（80g）
無塩バター …… 10g
ももハム …… 2枚（30g）
ビーツフムス（p.38参照）…… 35g
ディル …… 少々

作り方

1. バゲットは横から切り込みを入れ、断面の下側に無塩バターを塗る。
2. ももハムをはさみ、ハムの上にビーツフムスをのせ、ディルの葉を添える。

春のジャンボン・フロマージュ
（菜の花と桜）

"ジャンボン・フロマージュ"は、"ジャンボン・ブール"にチーズがプラスされたちょっと贅沢なバゲットサンドです。加熱タイプのハムとハードチーズを使うところ、ここでは生ハムとクリームチーズに替え、春の花を添えてアレンジしました。桜の塩漬けの塩抜きをした湯で菜の花をゆでるのがポイントです。桜の塩漬けの香りをまとった菜の花と、はちみつに漬けた桜との甘じょっぱい味わいが新鮮です。

材料（1本分）

バゲット …… 1/3本（80g）
クリームチーズ …… 20g
生ハム（プロシュート）…… 1枚（10g）
菜の花 …… 15g
桜の花（塩漬け）…… 3個
はちみつ …… 小さじ1

作り方

1. 小鍋に湯を沸かし、桜の花を入れる。20秒程度で取り出し、しっかりと水気を取る。1房が大きい場合は半分にちぎり、はちみつと合わせる。
2. 1の湯を中火にかけ、半分の長さに切った菜の花をゆでる。ゆで時間は、つぼみ部分は1分、根元部分は1分半が目安。ザルにあげて粗熱が取れたら水分を軽くしぼり、2cmの長さに切る。
3. バゲットは横から切り込みを入れ、断面にクリームチーズを塗る。
4. 生ハムをはさみ、生ハムの上に1と2をのせる。

ねぎ味噌ジャンボン・ブール

和食の基本になるしょうゆや味噌などの麹菌を使った発酵調味料は、塩味、甘味、旨味が複雑に調和して、深い味わいがあります。上質なハムとバターさえあれば、確かにおいしいバゲットサンドが作れるのですが、塩味主体の味付けが単調に感じられることがあります。"ジャンボン・ブール"はフランス人にとっての国民食であっても、日本人にとっての日常食とはかけ離れているからかもしれません。ハムとバターが物足りなく感じるときは、ねぎ味噌と合わせてみてはどうでしょう。基本のバランスを生かしながらも、日本人の味覚にもマッチする、ちょっと和風の"ジャンボン・ブール"の完成です。

材料(1本分)
バゲット …… 1/3本(80g)
無塩バター …… 10g
ももハム …… 1.5枚(25g)
ねぎ味噌(p.36参照) …… 20g

作り方
1. バゲットは横から切り込みを入れ、断面の下側に無塩バターを塗る。
2. ももハムをはさみ、ハムの上にねぎ味噌を塗る。

和風バゲットサンド
（里芋と焼豚）

欧風のハムを焼豚に替えると、"ねぎ味噌ジャンボン・ブール"よりも和の味わいになります。ここに合わせるのは、ポムピュレ(マッシュポテト)ならぬ、ほんのり和風味の里芋ペーストです。白味噌とディジョンマスタードのアクセントが焼豚と好相性。里芋特有のねっとりした食感も新鮮です。

材料(1本分)
バゲット …… 1/3本(80g)
無塩バター …… 10g
焼豚 …… 2枚(40g)
里芋ペースト(p.30参照) …… 75g

作り方
1. バゲットは横から切り込みを入れ、断面の下側に無塩バターを塗る。
2. 焼豚をはさみ、ハムの上に里芋ペーストをのせる。

ミックス温野菜 × 郷土料理のサンドイッチ

バーニャカウダ風サラダサンド

赤、緑、黄色の野菜がバランスよくはさまれていると目を引きますが、彩りだけでは面白みはありません。そこで必要なのが「テーマ」です。例えば、野菜がおいしく食べられる料理。イタリア・トリノの郷土料理"バーニャカウダ"をパンにはさむならバーニャカウダソースと相性のよい野菜を具材にします。ポテトサラダをベースに色みのある野菜を埋め込むようにはさむと、安定感のある仕上がりに。彩り、味わい、安定感が揃うことでサンドイッチとしての完成度が高まります。

材料(1組分)

角食パン(8枚切り)…… 2枚
マヨネーズ …… 10g
バーニャカウダソース(p.45参照)…… 5g
基本のポテトサラダ(p.24参照)…… 65g
ブロッコリー(小房に分けて塩ゆで)…… 16g
カリフラワー(小房に分けて塩ゆで)…… 16g
パプリカ(赤、黄・8mmの縦切り各2本)
…… 18g
ヤングコーン(水煮)……1本(15g)
にんじん(スティック1本・塩ゆで)…… 15g
ルッコラ …… 4g
白こしょう …… 少々

作り方

1. 角食パン1枚の片面にマヨネーズ5gを塗り、基本のポテトサラダを塗り重ねる。マヨネーズ3gを細くしぼり、ブロッコリー、カリフラワー、パプリカ、ヤングコーン、にんじんを彩りよくのせる。
2. 写真を参考に縦2カ所にマヨネーズ2gをしぼり、ルッコラをのせる。
3. もう1枚の角食パンの片面にバーニャカウダソースを塗り、**2**と合わせる。
4. 耳を切り落とし、半分に切る。仕上げに白こしょうをふる。

鶏のポトフ風サラダの塩パンサンド

野菜たっぷりの煮込み料理はバラエティー豊かです。フランスのポトフにも様々な種類があり、鶏のポトフは16世紀にアンリ4世が「全ての国民が毎週日曜日にはこの料理が食べられるように」と願ったことから広まったとされる庶民的なメニューです。このポトフとパンを一緒に食べるイメージで、鶏肉はほぐしてチキンサラダにして、やわらかく煮込まれた野菜は彩りよく並べて塩パンにはさみました。たまねぎ入りドレッシングの穏やかな酸味とコクで、ポトフがサラダになります。

材料(1個分)

塩パン …… 1個(75g)
無塩バター …… 5g
チキンサラダ(p.60参照) …… 30g
ペコロスのグラッセ(p.55参照)
…… 1/2個(12g)
ミニにんじんのグラッセ
(p.86のにんじんのグラッセを参照し
ミニにんじんで作る) …… 1本(12g)
芽キャベツのブレゼ※…… 1/2個(12g)
じゃがいも(インカのめざめ・蒸す) …… 10g
ルッコラ……2g
たまねぎドレッシング(p.47参照) …… 10g
塩 …… 少々
白こしょう …… 少々

作り方

1. 小鍋に芽キャベツのブレゼの煮汁適量、ペコロスのグラッセ、ミニにんじんのグラッセ、じゃがいもを入れて中火にかけて温める。
2. 塩パンは上から切り込みを入れ、内側に無塩バターを塗る。
3. チキンサラダをはさみ、たまねぎドレッシングをしぼり、1の野菜、芽キャベツのブレゼ、ルッコラを彩りよくはさむ。仕上げに塩、白こしょうをふる。

※芽キャベツのブレゼ(作りやすい分量)
小鍋に芽キャベツ8個、ひたひたになる程度のチキンブイヨン(p.61参照)、無塩バター10g、塩、白こしょう各少々を入れて中火にかける。沸いてきたら火を弱め、蓋をしてやわらかくなるまで煮る。煮汁は取っておく。

ミックス温野菜×ストリートフードのサンドイッチ

ファラフェルサンド

ストリートフードは、安くておいしい庶民の味方です。栄養バランスが悪く高カロリーなものがある一方で、野菜たっぷりのメニューもあります。ベトナムの野菜たっぷりのサンドイッチ"バインミー"はそのひとつで、日本でも人気が定着しつつあります。中東にはひよこ豆のコロッケ"ファラフェル"がメインのピタサンドがあります。野菜だけなのにボリューム満点で、ベジタリアンでなくても満足できるおいしさです。

材料(1個分)

ピタパン …… 1/2枚
リーフレタス …… 10g
なすの素揚げ(10mmの輪切り・p.43参照)
…… 25g
ズッキーニの素揚げ(10mmの輪切り・
p.43参照)……18g
紫キャベツのマリネ(市販品) …… 20g
ファラフェル(p.39参照) …… 2個
ヨーグルトソース(p.39参照) …… 6g
カイエンペッパー …… 少々

作り方

1. ピタパンは中を開き、リーフレタスを入れる。
2. 紫キャベツのマリネ、なすの素揚げ、ズッキーニの素揚げ、ファラフェルを入れる。
3. ヨーグルトソースをかけ、仕上げにカイエンペッパーをふる。

ごぼう和風ホットドッグ

ストリートフードの定番、ホットドッグはソーセージがメイン。野菜はトッピング程度ですが、ここでは和風味の温野菜をたっぷりと合わせてみました。マッシュポテトのように見えるのは、白味噌とディジョンマスタードを合わせた里芋ペーストで、ねっとりした食感がソーセージにからんでソースのように。ピクルスの代わりに春菊の柚子こしょう和えを、フライドオニオンの代わりにフライドごぼうを。王道の組み合わせを置き換えることで、違和感なくまとまります。

材料（1個分）

ドッグパン ……1個(45g)
マヨネーズ …… 5g
ソーセージ（粗挽きタイプ）…… 大1本(60g)
里芋ペースト(p.30参照) …… 50g
春菊の柚子こしょう和え※…… 10g
ごぼうの素揚げ(p.43参照) …… 5g

※春菊の柚子こしょう和え
（作りやすい分量）
塩ゆでにしてざく切りにした春菊50gと柚子こしょう4gを混ぜ合わせる。

作り方

1. ソーセージは80℃の湯で温める。
2. ドッグパンは上から切り込みを入れ、内側にマヨネーズを塗る。
3. 1をはさみ、里芋ペーストを塗る。春菊の柚子こしょう和えをのせてから、ごぼうの素揚げをのせる。

野菜のおやつサンド

あんバターロール2種

「あんパン」と「あんバターサンド」。パンにあんを包むか、はさむかだけでは大きな違いはありません
んが、バターの有無、パンの種類で味わいはガラッと変わります。バターロールのやさしい香りに
包まれた冷たいバターと粒あんに、マスカルポーネ＆はちみつはふくよかな奥行きを、ビーツとラ
ズベリーのジャムは甘酸っぱいアクセントを添えて、それぞれ新鮮なおいしさです。

材料(各1個分)

バターロール …… 2個(35g/個)
粒あん(p.37参照) …… 60g
無塩バター(冷たいままでスライス)
…… 24g
マスカルポーネ＆はちみつ※…… 15g
ビーツとラズベリーのジャム
(p.53参照) …… 15g

※マスカルポーネ＆はちみつ
(作りやすい分量)
マスカルポーネ100gにはちみつ8gを混ぜ
合わせる。

作り方

1. バターロールは横から切り込みを入れ、
粒あん30g、無塩バター12gをそれぞれはさ
み、バターの上にマスカルポーネ＆はちみ
つ、ビーツとラズベリーのジャムをそれぞれ
はさむ。

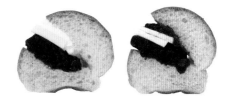

おさつバター&あんサンド

さつまいものペーストと手作りあんこを組み合わせた和菓子のようなおやつサンド。さつまいもにバターとはちみつを合わせたシンプルなペーストは、塩と黒こしょうのアクセントが効いた大人味で、甘いだけではないのが魅力です。ちょっと厚めの食パンにたっぷりはさんで楽しみましょう。

材料(1組分)
角食パン(8枚切り) …… 2枚
粒あん(p.37参照) …… 75g
おさつバターペースト(p.29参照) …… 65g

作り方
1. 角食パン1枚の片面に粒あんを塗る。もう1枚の角食パンの片面におさつバターペーストを塗って合わせる。
2. 耳を切り落とし、3等分に切る。

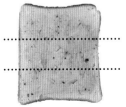

野菜のおやつサンド

パンプキンクリームパイのサンドイッチ

マッシュしたかぼちゃとカスタードクリームを合わせるとまるでかぼちゃプリンのような味わいに。かぼちゃのほっくりとした食感とやさしい甘味が生きています。なめらかなクリームだけでも美味ですが、サクサクしたパイをプラスするとおいしさが一層引き立ちます。仕上げにかぼちゃの種を添えることで、彩りのアクセントになり、かぼちゃのクリームであることもアピールできます。

材料(1組分)

角食パン(10枚切り) …… 2枚
パンプキンクリーム※…… 75g
マスカルポーネ&はちみつ
(p.136参照) …… 20g
パイ菓子(市販品・粗く砕く) …… 8g
かぼちゃの種…… 8粒

作り方

1. 角食パン1枚の片面にパンプキンクリームを塗り、パイ菓子をのせる。もう1枚の角食パンの片面にマスカルポーネ&はちみつを塗って合わせる。
2. 耳を切り落とし、4等分に切る。かぼちゃの種をトッピングする。

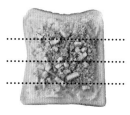

※パンプキンクリーム(作りやすい分量)
カスタードクリームを作る。ボウルに卵3個とグラニュー糖60gを入れ、泡立て器ですり混ぜ、薄力粉30gをふるい入れて混ぜ合わせる。鍋に牛乳250mlとバニラビーンズ1/3本(縦に切りナイフで中身をこそげ出す)を入れて沸騰直前まで温め、ボウルに加え手早く混ぜ、目の細かいザルでこして鍋に戻す。中火にかけ、泡立て器で混ぜながら加熱する。とろみが付いてきたら火を弱め、ふつふつと沸騰してから2〜3分加熱し、なめらかになったら火を止める。無塩バター25gを加えて溶かし混ぜ、バットに移して急冷する。できたカスタードクリームの分量の半量のかぼちゃ(蒸してつぶしたもの)と合わせる。

ずんだと白玉のサンドイッチ

ずんだと白玉をそのままパンにはさむだけでは若干の違和感がありますが、マスカルポーネが合わさることでしっくりとパンになじみます。和のペーストとミルキーなクリームの調和のなかに、白玉のもっちりとした食感のアクセントが楽しく、一度食べるとクセになるおいしさです。

材料(1個分)

ドッグパン …… 1本(45g)
枝豆あん(p.36参照) …… 50g
マスカルポーネ&はちみつ
(p.136参照) …… 25g
白玉※…… 2個(10g/個)
きな粉 …… 少々

※白玉
白玉粉に水を加えて耳たぶくらいのやわらかさに練り合わせる。10gずつ丸め、沸騰した湯に入れ浮いてくるまでゆでる。

作り方

1. ドッグパンは上から切り込みを入れ、断面の一方にマスカルポーネ&はちみつを塗り、もう一方に枝豆あんを塗る。
2. 白玉を半分に切り、1の中央に並べるようにはさむ。
3. 仕上げにきな粉を茶こしでふる。

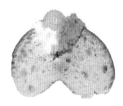

03

パンに温野菜を
のせる・塗る

トマト ✕ 全粒粉パン

トマトは焼くことで甘味が増し、旨味が凝縮します。イングリッシュ・ブレックファストでは焼きトマトは必須の一品で、トーストとの相性が抜群です。ほんのり甘味が感じられる全粒粉パンにとろーりとろけたモッツァレラチーズとジューシーな焼きトマト。ここではバジルではなく、あえてオレガノを合わせるのもポイントです。できたて熱々を味わいましょう。

焼きトマトのタルティーヌ

材料（1枚分）

全粒粉パン（なまこ型・20mmスライス）
…… 1枚（50g）
フルーツトマト …… 1個（50g）
モッツァレラチーズ …… 1/2個（50g）
オレガノ（ドライ）…… 少々
塩 …… 少々
白こしょう …… 少々
E.V.オリーブ油 …… 適量

作り方

1. モッツァレラチーズは4等分にスライスし、全粒粉パンにのせ、E.V.オリーブ油をかけチーズが溶けるまでトーストする。
2. フルーツトマトはヘタを取り、3等分にスライスする。フライパンにE.V.オリーブ油を熱し、フルーツトマトを中火で焼く。焼き色が付いたら裏返し、裏面も焼き、塩、白こしょうをふる。
3. 1に2をのせ、オレガノをふる。

油が多いとトマトに焼き色が付きにくいので、ペーパータオルで薄くのばす程度にする。焼いている間は動かさず、火加減は強めに短時間で焼き色を付けましょう。

キャベツ × 食パン

春キャベツは旬の食材のなかでも、特に使いやすいもののひとつです。庶民的でリーズナブルでありながら、シンプルな調理でも印象的なおいしさに。アンチョビと一緒にオリーブ油で蒸した一品は、春キャベツの鮮やかな色と甘味が引き出されます。オリーブ油とキャベツの水分が合わさった蒸し汁ごとトーストにのせたら、すぐに食べましょう。

アンチョビキャベツトースト

材料(1枚分)
全粒粉食パン(8枚切り) …… 1枚
春キャベツ……2枚(50g)
アンチョビフィレ …… 1枚
塩 …… 少々
白こしょう …… 少々
黒こしょう(粗挽き) …… 少々
E.V.オリーブ油 …… 大さじ1強

作り方
1. 春キャベツは一口大にちぎり、アンチョビとともに鍋に入れ、塩、白こしょうをふる。E.V.オリーブ油をかけ、蓋をして強火で加熱する。ジュージューと音がして蓋の隙間から蒸気が出てきたら、蓋を開けて全体を混ぜる。食感が残る程度で火を止める。
2. 全粒粉食パンは表面が色付く程度にトーストする。
3. 2に1をのせる。1の蒸し汁もパンにしみ込ませるようにかける。仕上げに黒こしょうと白こしょうをふる。

密閉性の高い鋳物ホーロー鍋(p.65参照)を使うのがポイント。強火で短時間で仕上げることで水っぽくならず、程よい食感を残しつつ春キャベツの甘味を引き出せます。

143

じゃがいも × バゲット

"ブランダードBrandade" は干しタラで作るフランスのラングドック地方やプロヴァンス地方の料理です。ラングドック地方のニームではにんにくをこすりつけたクルトンを添えるのが定番で、このカナッペはニーム風の組み合わせといえます。ここでは、じゃがいもをたっぷり加えた家庭的なブランダードを使い、香ばしく焼き上げました。

ブランダードのカナッペ

材料(3枚分)
バゲット(8mmスライス) …… 3枚(6g/枚)
ブランダード(p.27参照) …… 18g
パン粉 …… 少々
パルメザンチーズ(パウダー) …… 少々

作り方
1. バゲットは表面が乾燥する程度に軽くトーストする。
2. ブランダードを1/3量ずつ塗り、パン粉とパルメザンチーズをふる。表面に焼き色が付く程度にトーストする。

【パルメザンチーズ(パウダー)】
イタリアの硬質チーズであるパルミジャーノ・レッジャーノ風に作られたチーズをパルメザン(チーズ)と呼び、粉末状に加工したものが一般的。リーズナブルで扱いやすい。

なす、トマト ✕ バゲット

フランスのなすのペースト "なすのキャビアCaviar d'aubergines" はその名の通り、キャビア風にパンにのせて食べるのが定番です。カリッと焼いたバゲットと合わせるだけで美味ですが、なすと相性のよいトマトソースを合わせることで味わいに奥行きが出て、見た目も華やかに仕上がります。野菜のペーストは組み合わせることで、料理としての完成度が高まり、一口のなかにも味わいが広がります。

なすのキャビアとトマトソースのカナッペ

材料(3枚分)
バゲット(8mmスライス) …… 3枚(6g/枚)
なすのキャビア(p.33参照) …… 42g
トマトソース(p.44参照) …… 15g
イタリアンパセリ …… 少々

作り方
1. バゲットは表面が乾燥する程度に軽くトーストする。
2. なすのキャビアを1/3量ずつ塗り、トマトソースをのせ、イタリアンパセリの葉を添える。

にんじん ✕ バゲット

にんじんの鮮やかな色合いを生かしたペーストは、リコッタチーズの白と合わせることでより美しさが引き立ちます。にんじんペーストの生クリームと、リコッタチーズのミルキーさが調和したやさしい味わいを、黒こしょうが引き締めます。にんじんの葉によく似たディルは、さわやかな香りでにんじんにもよく合います。

にんじんとリコッタのカナッペ

材料(3枚分)

バゲット(8mmスライス) …… 3枚(6g/枚)
リコッタクリーム(p.50参照) …… 30g
にんじんペースト(p.35参照) …… 36g
ディル …… 少々

作り方

1. バゲットは表面が乾燥する程度に軽くトーストする。
2. リコッタクリームを1/3量ずつ塗り、にんじんペーストを塗り重ね、ディルの葉を添える。

枝豆 ✕ 食パン

生クリームを合わせてリッチになめらかに仕上げたにんじんペーストに対して、枝豆ペーストはオリーブ油とレモン果汁を合わせて粗めのペーストにすることで枝豆そのものの味わいを生かしています。にんじんとリコッタチーズのカナッペの鮮やかなオレンジと明るいグリーンは並べることでより個性が引き立ち、同時に楽しみたいメニューです。食パンをスティック状にトーストした軽やかな食感に枝豆がよく合います。

枝豆のムイエット

材料(3本分)
角食パン(10枚切り・耳を切り落とし
5等分に切る) …… 3/5枚
枝豆ペースト(p.35参照) …… 36g
枝豆(塩ゆで) …… 9粒
白こしょう …… 少々

作り方
1. 角食パンは軽く焼き色が付く程度にトーストする。
2. 枝豆ペーストを1/3量ずつ塗り、枝豆をのせ、白こしょうをふる。

【ムイエット】
"ムイエットMouillette"とはフランス語で細切りのトーストのことで、エッグスタンドにのせた半熟卵に添えるのが定番。

そら豆 ╳ バゲット

そら豆とペコリーノ（イタリア産羊乳チーズ）の組み合わせは、イタリアの春の定番です。食感が残る程度にさっとゆでただけのそら豆が、ペコリーノの旨味と塩味と合わさることでイタリアの味わいに変身します。オリーブ油の香りと黒こしょうの刺激がアクセントになり、食材の相性を実感できることでしょう。

そら豆とペコリーノのカナッペ

材料（3枚分）

バゲット（8mmスライス）…… 3枚（6g/枚）
無塩バター …… 6g
そら豆（塩ゆでして薄皮をむく）…… 36g
ペコリーノ・ロマーノ（ピーラーで薄く削る）
…… 6g
黒こしょう（粗挽き）…… 少々
E.V.オリーブ油 …… 少々

作り方

1. バゲットは表面が乾燥する程度に軽くトーストする。
2. 無塩バターを1/3量ずつ塗り、そら豆とペコリーノ・ロマーノをのせる。E.V.オリーブ油をかけ、黒こしょうをふる。

【ペコリーノ・ロマーノ】
イタリア・ローマ生まれのハードタイプの羊乳チーズ。塩味が強く、羊乳特有の旨味が凝縮されているので、少量を仕上げに使うとよい。手に入りにくい場合は、パルミジャーノ・レッジャーノで代用可。

きのこ ✕ パン・ド・カンパーニュ

カナッペやタルティーヌの組み立ては奥が深く、パンと食材のバランスを計算することが大切です。香ばしく炒めたきのこは、そのままパンにのせるだけでは調和が取れません。味わい深いカンパーニュときのこソテーの味わいを繋ぐのは、きのこの旨味が凝縮したデュクセル（p.32参照）入りのバターです。きのこの重層的な味わい、香り、食感とパンのバランスを堪能できる組み合わせです。

きのこのタルティーヌ

材料(2枚分)

パン・ド・カンパーニュ(12mmスライス)
…… 2枚(10g/枚)
きのこバター(p.50参照) …… 16g
きのこソテー※…… 80g
イタリアンパセリ(せん切り) …… 少々
黒こしょう …… 少々

※きのこソテー(作りやすい分量)
きのこ(ブラウンマッシュルーム、舞茸、エリンギを合わせて)300gを一口大に切る。E.V.オリーブ油大さじ2とにんにく(つぶす)1片をフライパンに入れ、中火にかける。にんにくが色付き、香りが出てきたらきのこを加えて塩、白こしょう各少々をふり、強火で全体に焼き色が付くように炒める。

作り方

1. パン・ド・カンパーニュは表面がカリッとする程度に軽くトーストする。
2. きのこバターを半量ずつ塗り、きのこソテーをのせる。仕上げにイタリアンパセリと黒こしょうをふる。

ポロねぎ ✕ パン・ド・カンパーニュ

"タルティーヌTartine"とはフランス語で、本来、パンにバターやジャムを塗った
ものを指します。パンに塗れるペーストとパンの組み合わせは間違いありませんが、
塗れないものを合わせる場合は、よりバランスが大切です。とろりと煮込まれたポロ
ねぎのマリネは、パンにのせるだけだと水分が気になります。チキンサラダが間に入
ることで、噛み締めたときにジュワッとしみ出るマリネ液とチキンが調和してカリッ
と焼けたカンパーニュとのコントラストが楽しめます。

ポロねぎマリネのタルティーヌ

材料(2枚分)

パン・ド・カンパーニュ(12mmスライス)
…… 2枚(10g/枚)
にんにくバター(p.50参照) …… 8g
ポロねぎのマリネ
(p.54の長ねぎのマリネを参照しポロねぎで
作ったもの) …… 60g
チキンサラダ(p.60参照) …… 30g
白こしょう …… 少々

作り方

1. パン・ド・カンパーニュは表面がカリッと
する程度に軽くトーストする。
2. にんにくバターを半量ずつ塗り、チキンサ
ラダをのせ、ポロねぎのマリネをのせる。仕上
げに白こしょうをふる。

ふきのとう ✕ バゲット

"カナッペCanapé"はフランス語で小さなオープンサンドイッチのこと。食パンの薄切りを丸い型で抜いたものや、カナッペ用に焼かれた目の詰まったフランスパンの薄切りをトーストしてから具材をのせます。アペリティフ（食前酒）に楽しむことが多く、パンに塗れる具材と合わせると具材が落ちる心配が少なく食べやすく仕上がります。パンに塗るペーストと考えると洋風に偏りがちですが、ご飯に合うおかず味噌もプレーンなパンに合わせやすくおすすめです。ふきのとう特有のほろ苦さとクリームチーズのバランスが新鮮な大人っぽい組み合わせです。

ふき味噌とクリームチーズのカナッペ

材料(3枚分)

バゲット(8mmスライス) …… 3枚(6g/枚)
クリームチーズ …… 15g
ふき味噌(p.36参照) …… 18g

作り方

1. バゲットは表面がカリッとする程度に軽くトーストする。
2. クリームチーズを1/3量ずつ塗り、ふき味噌を塗り重ねる。

【クリームチーズ】

フレッシュタイプのクリーム状のチーズで、乳脂肪の豊かなコクと穏やかな酸味のバランスがよく、サンドイッチには欠かせない。塩、白こしょう各少々を加えて調味して使ってもよい。

じゃがいも ✕ バゲット

"タラモサラタ Ταραμοσαλάτα" は魚卵入りのギリシャ由来のペーストで、本来は
水に浸したパンと合わせるのですが、日本ではたらことじゃがいもを使ったものが一
般的です。味わいも色合いもスモークサーモンとの相性がよく、レモンの皮とディル
を添えることでよりさわやかに。ピンクのグラデーションが目を引く、パーティーに
ぴったりの一品です。

タラモサラダとサーモンのカナッペ

材料（3枚分）

バゲット（8mmスライス）…… 3枚（6g/枚）
タラモサラダ（p.27参照）…… 45g
スモークサーモン …… 30g（3枚）
レモンの皮（すりおろす）…… 少々
ディル …… 少々

作り方

1. バゲットは表面がカリッとする程
度に軽くトーストする。
2. タラモサラダを1/3量ずつ塗り、ス
モークサーモンをのせる。仕上げにレ
モンの皮とディルの葉をのせる。

たまねぎ ✕ ミニフランスパン

"ピサラディエールPissaladière"はフランス・ニースのピザ風の名物料理で、あめ色の炒めたまねぎとアンチョビとブラックオリーブの組み合わせが基本です。見た目は地味ですが、旨味たっぷりの食材の組み合わせが絶妙で深い味わいに驚かされます。ここではミニフランスパンを使用していますが、薄切りのパン・ド・カンパーニュや全粒粉パンにもよく合います。

ピサラディエール風タルティーヌ

材料(2枚分)

ミニフランスパン …… 1本(100g)
オニオンコンフィ(p.34参照) …… 60g
アンチョビフィレ……6〜8枚
ブラックオリーブ(スライス) …… 20枚
E.V.オリーブ油 …… 少々

作り方

1. アンチョビフィレは縦半分に細長く切る。
2. ミニフランスパンは横から上下半分に切り、断面にオニオンコンフィを半量ずつ塗る。写真を参考に1を格子状に並べ、アンチョビの間にブラックオリーブをのせる。
3. 200℃に予熱したオーブンで10分ほど焼く。仕上げにE.V.オリーブ油をかける。

さつまいも ✕ ドライフルーツ入りライ麦パン

じっくりと焼き上げることでねっとり甘味を増した焼きいもとクリーミーなブリーは、一度は試していただきたいおすすめの組み合わせです。ライ麦の香り、ドライフルーツの酸味と甘味、にんにくバター、焼きいもの甘味とブリーの塩味のコントラスト、個性のある味わいや食感が噛み締めるごとに口のなかで調和して、意外なおいしさが楽しめます。

焼きいもとブリーのタルティーヌ

材料(2枚分)

ドライフルーツ入りライ麦パン
(なまこ型・10mmスライス)…… 2枚(20g/枚)
にんにくバター(p.50参照)……10g
焼きいも※……60g
白カビチーズ(ここではブリーを使用)
……24g
黒こしょう(粗挽き)…… 少々

※焼きいも
さつまいもは皮ごとよく洗い、オーブンシートを敷いた天板にのせる。予熱なしで180℃に設定したオーブンに入れ、80分ほど焼く。さつまいものサイズにより加熱時間が変わるので、竹串を刺してかたければ10分ずつ加熱する。

作り方

1. 焼きいもは一口大に切る。白カビチーズは7mm厚さにスライスし、さらに一口大に切る。
2. ドライフルーツ入りライ麦パンは表面がカリッとする程度に軽くトーストする。
3. にんにくバターを半量ずつ塗り、1の焼きいもと白カビチーズをのせ、仕上げに黒こしょうをふる。

【ブリー】

フランス・ブリー地方で生まれた白カビチーズで、なかはとろりとクリーミー。カマンベールよりも歴史が古い。ここではA.O.P.(原産地統制呼称)ではない、マイルドなタイプを使用。

かぼちゃ、小豆 ✕ レーズンとくるみ入りライ麦パン

個性的なブルーチーズには甘味のある食材を合わせると刺激がやわらぎ、塩味と甘味のコントラストが心地よく感じられます。かぼちゃとブルーチーズも相性のよい組み合わせ。ここではさらに、かぼちゃと相性のよい粒あんも組み合わせてみました。ライ麦パンのレーズンとくるみもアクセントになり、一口ごとに味わいの変化が楽しめます。

かぼちゃとブルーチーズと粒あんのタルティーヌ

材料(2枚分)
レーズンとくるみ入りライ麦パン
(なまこ型・10mmスライス) …… 2枚(20g/枚)
無塩バター …… 8g
粒あん(p.37参照) …… 40g
かぼちゃ(6mmスライス) …… 24g
ブルーチーズ
(ここではフルム・ダンベールを使用) …… 8g
はちみつ …… 少々

作り方
1. かぼちゃは薄く皮をむき、一口大に切って600Wの電子レンジで1分半加熱する。かたければやわらかくなるまで加熱する。
2. レーズンとくるみ入りライ麦パンは表面がカリッとする程度に軽くトーストする。
3. 無塩バターを半量ずつ塗り、粒あんを塗り重ねる。1と小さく切ったブルーチーズをのせ、仕上げにはちみつをかける。

【フルム・ダンベール】
フランス・オーベルニュ地方の牛乳製のブルーチーズ。ねっとりとした食感でマイルドな味わい。ミルキーな甘味と青カビ特有の香りや塩味のバランスが絶妙。

ルバーブ ✕ ミニ角食パン

赤色が美しいルバーブのジャムは、しっかりとした酸味と独特のとろりとした食感で、フルーツのジャムにはない個性があります。シンプルなトーストにマスカルポーネを合わせることで鮮やかな色合いと香りが引き立ちます。もちろん、バターにもよく合います。仕上げに粗く挽いた黒こしょうをかけると、ピリッとした刺激がアクセントになり味が引き締まります。

ルバーブジャムとマスカルポーネのトースト

材料(1枚分)

ミニ角食パン(12mmスライス) …… 1枚(25g)
マスカルポーネ …… 30g
ルバーブのジャム(p.52参照) …… 35g
黒こしょう(粗挽き) …… 少々

作り方

1. ミニ角食パンは色付く程度にトーストする。
2. マスカルポーネを塗り、ルバーブのジャムを塗り重ね、黒こしょうをふる。

【マスカルポーネ】

酸味が少なくなめらかな、イタリアのフレッシュチーズ。ほんのり甘味がありデザートによく使われる。はちみつを合わせて甘味を付けても美味。

さつまいも、白いんげん豆 ✕ ミニ角食パン

あんバターロール（p.136参照）はスライスしたバターを冷たいままはさむタイプが人気ですが、あんバタートーストの場合は、熱々のトーストにバターがとろけるところがおいしさの要です。あんをお好みのタイプに替え、トッピングの食材をプラスすることで様々なアレンジが楽しめます。白あん✕バターにさつまいものトッピングはおすすめの組み合わせ。コーヒーにはもちろん、日本茶にもよく合います。

おさつと白あんのトースト

材料(1枚分)
ミニ角食パン(12mmスライス) …… 1枚(25g)
無塩バター …… 6g
簡単白あん(p.37参照) …… 35g
さつまいも(塩ゆで・10mmの角切り) …… 25g
はちみつ …… 少々
黒ごま(煎り) …… 少々

作り方
1. ミニ角食パンは色付く程度にトーストする。
2. 無塩バターを塗り、簡単白あんを塗り重ね、さつまいもをのせる。
3. 仕上げにはちみつと黒ごまをかける。

04

温野菜が名脇役の
世界のサンドイッチ

ハムが主役、野菜が名脇役

クロック・マダム
Croque-Madame
France

フランスの定番ホットサンド "クロック・ムッシュ" に目玉焼きをのせた
ものが "クロック・マダム"。フランスの食パン "パン・ド・ミ" にハム
とチーズをはさんでバターでカリッと焼き上げたシンプルなハム＆チーズ
サンドが原型です。近年は、ベシャメルソースを使用してグラタン風に仕
上げたものが多く見られます。ここではベシャメルソースの代わりにカリ
フラワーで作ったペーストをたっぷり合わせました。カリフラワーのやさ
しい甘味と軽やかなコクで、食べ応えがありながらも後味はさっぱり。目
玉焼きは半熟にして、黄身をソースにしていただきましょう。

肉が主役、野菜が名脇役

フランセジーニャ
Francesinha
Portugal

ポルトガル・ポルドの名物サンドイッチ"フランセジーニャ"は、ポルトガル語で「フランスの女の子」という意味です。"クロック・ムッシュ"をポルトガル流にアレンジしたものであることは、基本食材や形状だけでなく、名前からもわかります。フランスのムッシュ（紳士）、マダム（夫人）に対して、こちらは女の子ですが、名前のかわいらしさに反して、ボリューミーでダイナミックな一品です。ステーキだけでも贅沢なのにハムもソーセージもはさみ、チーズで全体を包むのが特徴です。味の決め手は、ビール入りの特製トマトソース。フライドポテトもたっぷり添えましょう。

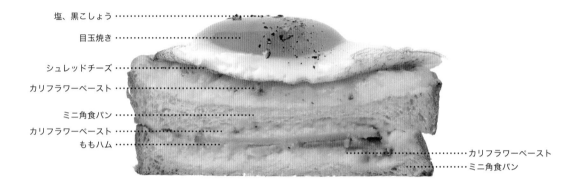

塩、黒こしょう …………
目玉焼き …………
シュレッドチーズ …………
カリフラワーペースト …………
ミニ角食パン …………
カリフラワーペースト …………
ももハム …………
………… カリフラワーペースト
………… ミニ角食パン

クロック・マダム

材料(1組分)

ミニ角食パン …… 2枚(25g/枚)
カリフラワーペースト(p.33参照) …… 60g
ももハム …… 1枚(20g)
シュレッドチーズ ……15g
卵 …… 1個
塩 …… 少々
黒こしょう(粗挽き) …… 少々
サラダ油 …… 少々

作り方

1. ミニ角食パンの片面にカリフラワーペーストを20gずつ塗り、ももハムをはさむ。

2. 1の上面に残りのカリフラワーペースト20gを塗り、シュレッドチーズをのせる。210℃に予熱したオーブンでチーズが溶けて焼き色が付くまで焼く。

3. フライパンにサラダ油を入れて中火で熱し、卵を割り入れたら弱火にして、白身に火が通り、黄身は温かくなる程度の半熟の状態になったら取り出す。

4. 2に3をのせ、塩と黒こしょうをふる。

＊卵はザルをのせたボウルに割り入れ、白身のさらりとした部分(水溶性卵白)を落としてから使うと、形よく焼き上がります。

＊シュレッドチーズは、グリュイエールとエメンタールをブレンドして使うと本格的な味わいに仕上がります。

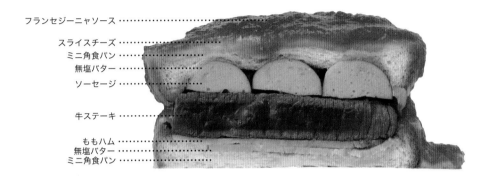

フランセジーニャソース ┈┈┈┈

スライスチーズ ┈┈┈

ミニ角食パン ┈┈┈

無塩バター ┈┈┈

ソーセージ ┈┈┈┈

牛ステーキ ┈┈┈┈

ももハム ┈┈┈
無塩バター ┈┈┈
ミニ角食パン ┈┈┈

フランセジーニャ

材料(1組分)

ミニ角食パン …… 2枚(25g/枚)
無塩バター …… 20g
牛ステーキ肉 …… 70g
ソーセージ(ロングタイプ)
…… 3/4本(42g)
ももハム ……1枚(20g)
スライスチーズ …… 4枚
塩 …… 少々
白こしょう …… 少々
黒こしょう(粗挽き) ……少々
フランセジーニャソース※ …… 適量
フライドポテト(p.42参照) …… 適量

作り方

1. 牛ステーキ肉は両面に塩、白こしょうをふる。フライパンに無塩バター10gを中火で熱し、無塩バターが溶けたら牛ステーキ肉を焼く。両面に焼き色が付いたらバットにあげ、黒こしょうをふる。

2. ソーセージは80℃の湯で温める。半分の長さに切ってから、縦半分に切る。

3. ミニ角食パンの片面に5gずつ無塩バターを塗る。

4. ももハム、**1**、**2**を順にはさむ。

5. オーブンシートを敷いたバットにのせ、パン全体を覆うようにスライスチーズをのせる。210℃に予熱したオーブンでチーズが溶けるまで焼く。

6. 器に盛り、温めたフランセジーニャソースをかける。フライドポテトを添える。

※フランセジーニャソース

材料(作りやすい分量)
ホールトマト(缶詰) …… 1缶(400g)
たまねぎ(みじん切り) …… 150g
にんにく …… 1片
ビール …… 200㎖
生クリーム(乳脂肪分42%) …… 100㎖
無塩バター …… 15g
塩 …… 小さじ1
白こしょう …… 少々

作り方
鍋に無塩バターを中火で熱し、無塩バターが溶けたらたまねぎとにんにくを加えて炒める。たまねぎの表面が透き通ってきたら、ホールトマトを入れて軽くつぶす。ビール、塩、白こしょうを入れて15分ほど煮る。生クリームを加えてからハンドブレンダーで撹拌し、なめらかにする。味を見て足りなければ、塩、白こしょうで調える。

ソーセージが主役、野菜が名脇役
カリーヴルストドッグ

Currywurst mit Brötchen
Germany

ソーセージそのものは紀元前から多くの地域で作られており、特にヨーロッパでは豚肉を保存するために塩漬けにしたり、ソーセージに加工したりする技術が発展しました。なかでもドイツでは多種多様なソーセージが生まれ、独自の食文化として発展しました。街角のインビス（屋台）では焼きソーセージが定番メニューで、ポピュラーな軽食として親しまれています。小型パンにはさむことが多いのですが、あくまでもソーセージが主役。パンはソーセージを片手で手を汚さずに食べるためのものなのです。ベルリン名物のカリーヴルストは、プレーンな焼きソーセージにトマトケチャップとカレー粉をかけたもの。B級グルメの代表ともいえる、庶民的なおいしさです。

ソーセージが主役、野菜が名脇役
チリドッグ
Chili Dog
U.S.A.

世界中からの移民がそれぞれの食文化を持ち込んだことで、アメリカは独自の食文化を作り上げましたが "ホットドッグ" はまさにそのひとつ。野球場で生まれたとの逸話があり、ドイツ由来のソーセージがスポーツと結びつくことでアメリカ的な軽食として認知され、世界中に広まっていきました。ホットドッグはハンバーガーと並び、アメリカを代表する国民食です。ソーセージとケチャップ、マスタードの組み合わせが基本形ですが、地域ごとに様々なバリエーションのホットドッグがあります。スパイシーなミートソースをかけた "チリドッグ" も定番メニュー。ここでは日本でも人気の高い、豆入りの "チリコンカン" をたっぷり合わせて、贅沢な味わいに仕上げました。

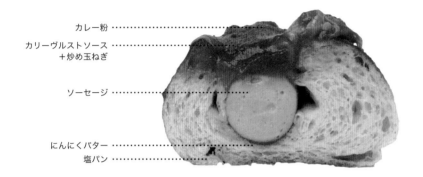

カレー粉 ……………………

カリーヴルストソース ……………………
＋炒め玉ねぎ

ソーセージ ……………………

にんにくバター ……………………
塩パン ……………………

カリーヴルストドッグ

材料(1個分)

塩パン ……1個(75g)
にんにくバター(p.50参照) …… 5g
ソーセージ(細挽きタイプ) …… 大1本(80g)
炒めたまねぎ※ …… 20g
カリーヴルストソース(p.51参照) …… 25g
カレー粉 …… 少々
サラダ油 …… 少々
フライドポテト(p.42参照・ここでは細切り
を使用、皮付きのものでもよい) …… 適量
にんにくマヨソース(p.49参照) …… 適量

※炒めたまねぎ
(作りやすい分量)
フライパンに無塩バター15gを溶かし、た
まねぎ(薄切り)80gを中火で炒める。しん
なりしてきたら塩、白こしょう各少々で味
を調える。

作り方

1. 塩パンは軽くトーストして上から切り込みを入れ、内
側ににんにくバターを塗る。
2. ソーセージは両面に細かく切り込みを入れる。フライ
パンにサラダ油を中火で熱し、ソーセージを両面に焼き色
が付くまで焼く。
3. 炒めたまねぎとカリーヴルストソースを混ぜ合わせる。
4. 1に2をはさみ、3をのせる。仕上げにカレー粉を茶こ
しでふりかけ、フライドポテトとにんにくマヨソースを添
える。

＊ドイツではリーンな生地の小型パンを使いますが、ここ
では日本で近年人気の塩パンを使用しました。オースト
リアの"ザルツシュタンゲンSalzstangen"というパンが塩
パンの元祖で、"カイザーゼンメルKaisersemmel"と同じ
生地に、塩を巻き込んで棒状に仕上げたものです。日本で
はさらにバターも巻き込んだ塩バターパンが多く見られま
す。ベースがカイザーゼンメルなので、ソーセージとの相
性がよいのは間違いありません。

＊フライドポテトをたっぷり添えると食べ応えも満点なド
イツの屋台の味を堪能できます。フライドポテトにんに
くマヨソースがよく合います。

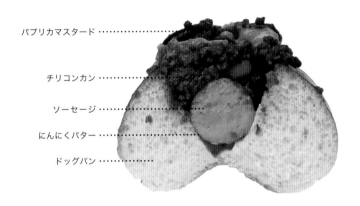

パプリカマスタード …………………

チリコンカン …………………

ソーセージ …………………

にんにくバター …………………

ドッグパン …………………

チリドッグ

材料(1個分)

ドッグパン……1本(45g)
にんにくバター(p.50参照) …… 5g
ソーセージ(粗挽きタイプ) …… 大1本(60g)
チリコンカン※ …… 60g
パプリカマスタード(p.51参照) …… 8g
きゅうりのディルピクルス(市販品) …… 2本

作り方

1. ドッグパンは上から切り込みを入れ、内側ににんにくバターを塗る。
2. ソーセージは80℃の湯で温める。
3. 1に2をはさんでチリコンカンをのせ、パプリカマスタードをかける。きゅうりのディルピクルスを添える。

※チリコンカン
材料(作りやすい分量)
トマトソース(p.44参照) …… 400g
牛挽き肉 …… 300g
レッドキドニービーンズの水煮(市販品)
…… 250g
にんにくのコンフィ(p.55参照) …… 1片
チリパウダー …… 小さじ3
クミンパウダー …… 小さじ1/2
塩 …… 小さじ1
白こしょう …… 少々
E.V.オリーブ油 …… 大さじ2

作り方
1. 鍋にE.V.オリーブ油を中火で熱して牛挽き肉、にんにくのコンフィ、チリパウダー、クミンパウダー、塩、白こしょうを入れて炒める。
2. 牛挽き肉に火が通ったらトマトソースを加えて弱めの中火で5分ほど煮る。
3. レッドキドニービーンズを加えてひと煮立ちさせ、仕上げに塩、白こしょう各少々(ともに分量外)で味を調える。

＊"チリコンカンChili con carne"は、メキシコ文化の影響が強いテキサス州生まれのテクス・メクス料理で、スパイシーなミートソースにたっぷりのキドニービーンズがよく合います。トマトソースの作り置きがあれば気軽に作れるので、パンを添えて一品料理として楽しむのもよいでしょう。

＊アメリカではイエローマスタードを使いますが、ここではパプリカジャム入りのマスタードでアレンジしました。お好みでシュレッドタイプのレッドチェダーをトッピングしても。

卵が主役、野菜が名脇役

屋台トースト

길거리토스트

Korea

韓国で親しまれている屋台トーストは、鉄板でパンと具材を焼いて組み立てる具だくさんのホットサンドです。バターをたっぷり使って焼き上げた食パンは、さっくりと香ばしくキャベツ入りの素朴なオムレツによく合います。とろーり溶けたチーズとハムの組み合わせも間違いありませんが、これだけではなんの変哲もないホットサンドです。屋台トーストらしい味の決め手となるのは、なんと砂糖。甘じょっぱさが持ち味なので、大胆にふりかけましょう。どこか懐かしい味わいが魅力的なB級グルメです。

卵が主役、野菜が名脇役

トルティージャのボカディージョ

Bocadillo de Tortilla
Spain

スペインの国民食として愛されているサンドイッチ "ボカディージョ" は、フランスのバゲットサンド "カスクルート" のような存在ですが、はさむ具材に特徴があります。ハムをはさむなら、スペインの生ハム "ハモンセラーノ"。バターを塗るのではなく、パンにトマトをこすりつけてパン・コン・トマテにしたり、オリーブ油を使ったりします。人気が高いのはスペインの代表料理ともいえるじゃがいものオムレツ "トルティージャ" をはさんだものです。具だくさんなので、本格的なバゲットよりもソフトフランスパンを使う方が食べやすく、バランスよく仕上がります。

全粒粉食パン＋無塩バター ……
スライスチーズ ……
トマトケチャップ ……

野菜入りオムレツ ……

…… マヨネーズ＋グラニュー糖
…… ロースハム

…… マヨネーズ＋グラニュー糖
…… 全粒粉食パン＋無塩バター

屋台トースト

材料(1組分)

全粒粉食パン(8枚切り) …… 2枚
無塩バター …… 40g
野菜入りオムレツ※ …… 1つ
ロースハム …… 3枚
スライスチーズ …… 2枚(38g)
マヨネーズ …… 12g
トマトケチャップ …… 10g
グラニュー糖 …… 適量

作り方

1. 全粒粉食パンの両面に無塩バターを10gずつ塗る。
2. フライパンを中火で熱し、1を焼く。焼き色が付いたら裏返し、裏面にも焼き色を付ける。
3. ロースハムはフライパンで両面を軽く焼く。
4. 2の片面にマヨネーズを半量ずつ塗り、グラニュー糖をふる。野菜入りオムレツをのせ、トマトケチャップをかけたら、3とスライスチーズを順にのせてはさむ。
5. 半分に切る。

※野菜入りオムレツ

材料(1つ分)
卵 …… 1個
キャベツ(せん切り) …… 50g
にんじん(せん切り) …… 30g
塩 …… 少々
白こしょう …… 少々
サラダ油 …… 大さじ1

作り方

1. ボウルに卵を割り入れ、塩、白こしょうを加えて混ぜる。キャベツとにんじんを加え、よく混ぜ合わせる。
2. 卵焼き器にサラダ油を中火で熱し、1を入れて菜箸で軽く混ぜながら加熱する。半熟の状態で裏返し、食パンのサイズに合うように形を整えて焼く。

＊パンはフライパンで、オムレツは卵焼き器で焼いていますが、複数個を同時に作る場合はホットプレートが便利です。パンもオムレツも同時に焼き、屋台風に大胆に作りましょう。

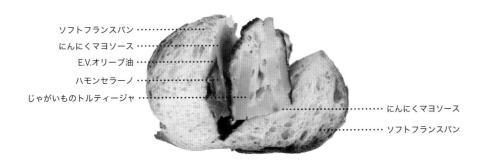

ソフトフランスパン ……
にんにくマヨソース ……
E.V.オリーブ油 ……
ハモンセラーノ ……
じゃがいものトルティージャ ……

…… にんにくマヨソース
…… ソフトフランスパン

トルティージャのボカディージョ

材料(1本分)

ソフトフランスパン
(バインミー・p.63参照) …… 1本(110g)
にんにくマヨソース(p.49参照) ……15g
じゃがいものトルティージャ※ …… 1/4枚
ハモンセラーノ(スペインの生ハム) ……1枚
E.V.オリーブ油 …… 少々

作り方

1. ソフトフランスパンは横から切り込みを入れ、内側ににんにくマヨソースを塗る。
2. 3等分に切ったじゃがいものトルティージャとハモンセラーノをはさみ、ハモンセラーノの上にE.V.オリーブ油をかける。

※じゃがいものトルティージャ

材料(直径20cmのフライパン1枚分)
卵 …… 4個
じゃがいも(7mmの半月切り) …… 300g
たまねぎ(薄切り) …… 100g
にんにく
(芯を取りみじん切り) …… 1/2片
塩 …… 小さじ 1 弱
E.V.オリーブ油 …… 大さじ5

作り方

1. フライパンにE.V.オリーブ油大さじ3、じゃがいも、たまねぎ、にんにくを入れて中火にかける。にんにくの香りが出てきたら弱火にし、かき混ぜながらじゃがいもがやわらかくなるまでじっくりと炒め揚げにする。塩小さじ1/4を加えて下味を付け、ザルにあげて余分な油を切る。
2. ボウルに卵を割り入れ、残りの塩を加えて溶きほぐす。1を加えて混ぜ合わせる。
3. フライパンにE.V.オリーブ油大さじ2を中火で熱し、フライパンが熱くなったら2を流し入れる。卵がふんわりとしてきたら木べらでゆっくりかき混ぜながら火を入れる。周囲が焼き固まり、焼き色が付くまでじっくりと焼く。
4. 裏返し、さらに中火で全体に焼き色が付くまで焼く。

＊ボカディージョに添えているのは、青唐辛子の酢漬けとアンチョビ、オリーブをピックに刺した"ヒルダ Gilda"。スペイン・バスクの名物ピンチョスで、バルのカウンターに必ずといっていいほどあります。
＊じゃがいもがたっぷり入ったスペインのオムレツ"トルティージャTortilla"は、平らな丸型に焼き、ケーキのように切り分けます。冷めてもおいしく、そのままおつまみとして楽しめます。

ハム&チーズ が主役、野菜が名脇役
プラウマンズ・サンドイッチ

Ploughman's Sandwich
U.K.

イギリスで最もおいしい料理と古くからいわれているのは "イングリッシュ・ブレックファスト" で、卵料理、ベイクドビーンズ、焼きトマト、焼きソーセージなど、加熱調理したものが多く、パンと飲み物だけのコンチネンタル・ブレックファストと比べるととても贅沢です。朝食ほどは知られていませんが、イギリスには "プラウマンズ・ランチPloughman's Lunch" という定番の昼食もあります。直訳すると農夫の昼食で、パンとバター、ハム、チェダーチーズ、ピクルスなど冷製食材を盛り合わせたもの。味の決め手となるのがピクルスで、これは甘酸っぱいジャム状のチャツネ（英語ではチャットニーChutney）のことです。イギリスの定番の朝食も昼食も、そのままパンにはさめばとびきりのサンドイッチになります。実際に作るなら、調理の手間がかかる朝食サンドよりも、食材をパンにはさむだけの昼食サンドの方が手軽です。ハムとチーズのシンプルな組み合わせですが、甘酸っぱいチャツネがアクセントとなり想像以上のおいしさです。

麺が主役、野菜が名脇役
ナポリタンパン 焼きそばパン
Japan

パンに麺類をはさんだ炭水化物×炭水化物の組み合わせは、日本ならでは。懐かしい味わいのサンドイッチです。安価でボリュームがあるのも魅力で、幅広い層に愛され続けています。麺類は、本来なら作りたての温かいうちに食べたいものですが、ナポリタンも焼きそばも日本特有のソフトな炒め麺だからこそ、サンドイッチに向くのです。時間が経ってもおいしく食べられるようにソース多めでジューシーに仕上げましょう。少し甘めの味付けがポイントで、ソフトなパンによく合います。パンに塗ったにんにくマヨソースもアクセントになり、後を引きます。

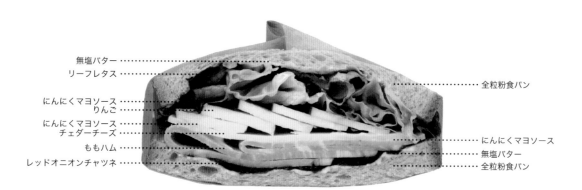

無塩バター ……
リーフレタス ……
にんにくマヨソース ……
りんご ……
にんにくマヨソース ……
チェダーチーズ ……
ももハム ……
レッドオニオンチャツネ ……

…… 全粒粉食パン
…… にんにくマヨソース
…… 無塩バター
…… 全粒粉食パン

プラウマンズ・サンドイッチ

材料(1組分)

全粒粉食パン(10枚切り) …… 2枚
無塩バター …… 16g
レッドオニオンチャツネ(p.34参照) …… 12g
ももハム …… 2枚(48g)
チェダーチーズ(スライス) …… 1枚(23g)
りんご(スライス) …… 30g
リーフレタス …… 10g
にんにくマヨソース(p.49参照) …… 6g

作り方

1. 全粒粉食パンの片面に無塩バターを半量ずつ塗る。
2. 1の1枚はバターの上にレッドオニオンチャツネを塗り重ね、ももハムをのせる。にんにくマヨソース2gを細くしぼり、チェダーチーズをのせる。にんにくマヨソース2gを細くしぼり、りんごをのせ、さらににんにくマヨソース2gを細くしぼってからリーフレタスをのせ、もう1枚の全粒粉食パンではさむ。
3. ペーパーで包み、半分に切る。

＊イギリスの"プラウマンズ・ランチPloughman's Lunch"は、ドイツの冷たい食事"カルテスエッセンKaltes Essen"にもよく似ています。ハムとチーズとパン、そして加熱しないサラダやピクルスの組み合わせはドイツの夕食の定番です。パン、ハム、チーズとどちらも同じ材料ですが、それぞれの地域でパンもハムもチーズも種類が異なり、実は似て非なるものなのです。

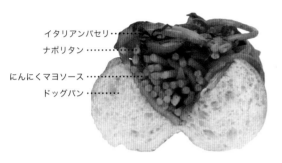

イタリアンパセリ‥‥‥‥
ナポリタン‥‥‥‥‥

にんにくマヨソース‥‥‥
ドッグパン‥‥‥‥‥

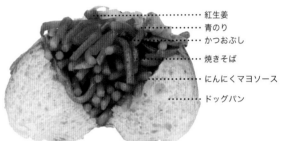

‥‥‥ 紅生姜
‥‥‥ 青のり
‥‥‥ かつおぶし
‥‥‥ 焼きそば
‥‥‥ にんにくマヨソース
‥‥‥ ドッグパン

ナポリタンパン　焼きそばパン

材料(各1個分)
ナポリタンパン
ドッグパン ‥‥‥ 1個(35g)
にんにくマヨソース(p.49参照) ‥‥‥ 5g
ナポリタン※‥‥‥80g
イタリアンパセリ(みじん切り) ‥‥‥ 少々
焼きそばパン
ドッグパン ‥‥‥1個(35g)
にんにくマヨソース(p.49参照) ‥‥‥ 5g
焼きそば※ ‥‥‥ 80g
紅生姜 ‥‥‥ 3g
かつおぶし ‥‥‥ 少々
青のり ‥‥‥ 少々

作り方

1. ドッグパンは上から切り込みを入れ、内側ににんにくマヨソースを塗る。
2. ナポリタンパンは、ナポリタンをはさみ、イタリアンパセリをふりかける。焼きそばパンは、焼きそばをはさみ、かつおぶしと青のりをふりかけてから、紅生姜をのせる。

※ナポリタン
材料(作りやすい分量)
スパゲッティ ‥‥‥ 160g
たまねぎ(くし形切り) ‥‥‥ 1/2個
ピーマン(種を取り細切り) ‥‥‥ 1個
ウインナーソーセージ(斜め切り) ‥‥‥ 5本
A トマトケチャップ ‥‥‥ 100g
ウスターソース ‥‥‥ 大さじ1
はちみつ ‥‥‥ 大さじ1
塩 ‥‥‥ 適量
白こしょう ‥‥‥ 少々
E.V.オリーブ油 ‥‥‥ 大さじ2
作り方
1. 鍋に湯を沸かし、塩適量(分量外)を入れ、スパゲッティを表示のゆで時間より1分ほど長めにゆでてザルにあげる。
2. フライパンにE.V.オリーブ油を中火で熱し、たまねぎを炒める。ピーマンとウインナーソーセージを加えて炒め合わせ、**A**を加えてひと煮立ちさせる。1と1のゆで汁大さじ3を加えて炒め合わせ、塩、白こしょうで味を調える。

※焼きそば
材料(作りやすい分量)
中華麺(焼きそば用・蒸したもの) ‥‥‥ 1玉(120g)
豚バラ肉(薄切り・一口大に切る) ‥‥‥ 50g
キャベツ(ざく切り) ‥‥‥ 80g
にんじん(短冊切り) ‥‥‥ 20g
A 中濃ソース ‥‥‥ 大さじ1
ウスターソース ‥‥‥ 大さじ1
塩 ‥‥‥ 少々
白こしょう ‥‥‥ 少々
サラダ油 ‥‥‥ 大さじ1
作り方
1. 中華麺は600Wの電子レンジで1分半加熱する。フライパンで炒めながらほぐしてもよい。
2. フライパンにサラダ油を中火で熱し、豚バラ肉を炒める。キャベツとにんじんを加えてさらに炒め、塩、白こしょうで下味を付ける。1を加えてほぐしながら全体を炒め合わせる。**A**を回し入れ、全体に味がなじむように炒め合わせる。

05

パンに合う
世界の
温野菜料理

材料(1皿分)
グリーンアスパラガス …… 8本
卵 …… 1個
パルミジャーノ・レッジャーノ
…… 適量
無塩バター …… 適量
塩 …… 適量
黒こしょう(粗挽き) …… 少々

作り方
1. グリーンアスパラガスは根元の
かたい部分を2〜3cm切り、かたい
皮をピーラーでむき、半分の長さに
切る。鍋に湯を沸かして塩を入れ、
中火でゆでてザルにあげる。加熱時
間は太めのアスパラガスで2分〜2
分半が目安。
2. フライパンに無塩バターを中火
で熱し、無塩バターが溶けたら卵を
割り入れて弱火にする。白身に火が
通り、黄身は温かくなる程度の半熟
の状態になったら取り出す。
3. **1**を器に盛り、**2**をのせる。パル
ミジャーノ・レッジャーノをチーズ
グレーターで削り、たっぷりとかけ
て黒こしょうをふる。

【パルミジャーノ・レッジャーノ】
イタリアの硬質チーズ。長期間の熟
成による濃厚な旨味と豊かな香りが
特徴。しっかりとした塩気とコクを
生かして調味料として使える。

Italy
グリーンアスパラガスのミラノ風
Asparagi alla milanese

グリーンアスパラガスに目玉焼きをのせただけのシンプルな一皿は、春から初夏の旬
の味わいです。半熟の黄身をソース代わりにからめながら、熱々のうちに食べます。
目玉焼きをのせた料理は"ビスマルク風"ともいいますが、パルミジャーノ・レッジ
ャーノをたっぷりかけたこちらはミラノの郷土料理です。ここでは、グリーンアスパ
ラガスは食感が残る程度に色鮮やかにゆでていますが、バターでソテーして香ばしく
仕上げるのもなかなかです。

材料(作りやすい分量)
なす ····· 150g
ズッキーニ ·····150g
セロリ ····· 150g
パプリカ(赤・黄)
····· 各1/2個(計150g)
たまねぎ ····· 1/2個(100g)
トマトソース(p.44参照) ····· 200g
ケイパー ····· 10g
レーズン ·····10g
松の実 ·····10g
白ワインビネガー ····· 大さじ2
はちみつ ····· 大さじ1
塩 ····· 少々
白こしょう ····· 少々
イタリアンパセリ(みじん切り)
····· 少々
E.V.オリーブ油 ····· 大さじ10

作り方

1. レーズンはぬるま湯に浸けて戻し、水気を切る。
2. 松の実はフライパンで乾煎りする。
3. なす、ズッキーニ、セロリ、パプリカは一口大に切る。フライパンにE.V.オリーブ油を大さじ2入れ、切った野菜を1種類ずつ炒め揚げにする。塩、白こしょうで軽く下味を付け、油を切る。
4. 鍋にE.V.オリーブ油大さじ2と一口大に切ったたまねぎを入れ、中火で炒める。たまねぎがしんなりしてきたら、トマトソース、ケイパー、1、2の半量、3を加える。白ワインビネガーとはちみつを加えて中火で炒め合わせ、塩、白こしょうで味を調える。
5. 器に盛り、2の残りとイタリアンパセリをトッピングする。

野菜は1種類ずつ炒め揚げにすることで、それぞれの食感と味わい、彩りが生かせます。

Italy

カポナータ

Caponata

夏野菜の旨味が詰まった、イタリアの夏の定番の前菜です。なすをメインにした甘酢煮で、ビネガーとはちみつや砂糖で甘酸っぱい味わいに仕上げて、冷ましたものを食べます。野菜はひと手間かけて1種類ずつ炒め揚げにするのがおいしさの秘訣です。仕上げにさっと煮るだけなので程よく食感が残り、彩りも美しく仕上がります。南仏・プロヴァンス地方の郷土料理 "ラタトゥイユRatatouille" とよく似ていますが、こちらは塩とハーブで味付けしています。

材料(作りやすい分量)

なす……
(焼いてから皮をむいた正味)150g
にんにくのコンフィ(p.55参照)……1片

A タヒニ(p.57参照)……25g
　E.V.オリーブ油 …… 大さじ2
　レモン果汁 …… 大さじ1
　クミンパウダー …… 小さじ1
　塩 …… 小さじ1/2
　白こしょう …… 少々
コリアンダー …… 少々
カイエンペッパー …… 少々
あればピタパン …… 適量

作り方

1. なすはヘタの根元にぐるりと浅く切り込みを入れてガクを取る。縦に数カ所浅く切り込みを入れ、強火のグリルで10分ほど焼く。竹串を刺し、すっと通ればなかまで火が通っている。粗熱を取り、皮をむいて計量する。

2. 包丁で細かくたたくか、ハンドブレンダーで攪拌してなめらかにする。みじん切りにしたにんにくのコンフィと**A**を加えて全体を混ぜ合わせる。味を見て足りなければ、塩、白こしょうを足して調える。

3. 器に盛り、E.V.オリーブ油適量(分量外)をまわしかけ、刻んだコリアンダーとカイエンペッパーをかけ、ピタパンを添える。

包丁で細かくたたいたものは粗めの食感で素朴な仕上がりです。ブレンダーで攪拌して調味料も合わせると、なめらかなクリーム状に。使い分けて、好みの食感に仕上げましょう。

Lebanon

ババガヌーシュ

جوغ اباب

"ババガヌーシュ"とは、中東のごまペースト"タヒニ"とオリーブ油を合わせた焼きなすのペーストで、レバノンやイスラエルなどの地中海東部の沿岸地域で親しまれている前菜のひとつです。タヒニのコクとスパイスの香りが重なることで、あっさりした焼きなすがエキゾチックな味わいに変身します。材料を合わせるだけのシンプルな野菜料理だからこそ、素材そのものの味わいや、調味料の組み合わせの妙を実感できます。ピタパンを添えると本格的ですが、スライスしたバゲットやフォカッチャにもよく合います。フランスのなすのペースト"なすのキャビア(p.33参照)"とも、ぜひ食べ比べてみてください。

材料(作りやすい分量)

ブラウンマッシュルーム …… 100g
エリンギ …… 100g
しめじ …… 100g
舞茸 …… 100g
にんにくのコンフィ(p.55参照)
…… 20g
鷹の爪(赤唐辛子・種を取る) …… 1本
塩 …… 小さじ1/2
白こしょう …… 少々
E.V.オリーブ油 …… 250㎖
イタリアンパセリ(みじん切り)
…… 少々
バゲット …… 適量

作り方

1. ブラウンマッシュルーム、エリンギは石突きを取って食べやすい大きさに切り、しめじは石突きを取って小房に分ける。舞茸は食べやすい大きさに手でさく。
2. 鍋に1を入れ、塩、白こしょうをふって混ぜ合わせる。E.V.オリーブ油、みじん切りにしたにんにくのコンフィ、鷹の爪を入れて中火にかける。オリーブ油がふつふつとしてきたら、弱火にして15分ほど煮込む。
3. 仕上げにイタリアンパセリをふりかけ、バゲットを添える。

マッシュルームは大きい場合は4等分または半分に切ります。小さなものなら切らなくても。

＊カスエラという耐熱の陶製の器(完成写真で使用しているもの)に直接、生のにんにくとオリーブ油を入れて火にかけ香りを出してから、食材を加えるのが一般的な作り方です。ここでは、フランス料理のコンフィ(オイル煮)の手法を使って鍋で煮込むことで、きのこの旨味をしっかりと引き出しました。冷蔵庫で4〜5日保存できるので、作り置きし、食べる分だけ温めて楽しむこともできます。

Spain

きのこのアヒージョ

Setas al ajillo

"アヒージョ"はスペインの小皿料理である"タパスTapas"のひとつで、オリーブ油とにんにくで食材を煮込んだものです。エビなどの魚介類、きのこのほかにも様々な野菜で作れます。きのこは複数種を組み合わせると、より味わい深く香り高い一皿に。オリーブ油で煮込むことで、きのこの風味が引き出され、その旨味が溶け出したオリーブ油はとびきりのソースになります。ソースを存分に楽しむには、パンが必須。最後の一滴まで味わい尽くしましょう。

材料（3〜4人分）

バターナッツかぼちゃ
……（正味）600g
たまねぎ（薄切り）……150g
チキンブイヨン（p.61参照）…… 400㎖
無塩バター …… 30g
生クリーム …… 適量
ローリエ ……1枚
デュカ（p.57参照）…… 少々
塩 …… 少々
白こしょう …… 少々

作り方

1. バターナッツかぼちゃは種を取ってピーラーで皮をむき、一口大に切って計量する。
2. 鍋に無塩バターを中火で熱し、無塩バターが溶けたらたまねぎを加えて炒める。たまねぎの表面が透き通ってきたら、**1**、チキンブイヨン、ローリエを加える。沸騰したら火を弱め、バターナッツかぼちゃがやわらかくなるまで煮る。
3. ブレンダーで攪拌してなめらかにし、鍋に戻す。弱火で温めて、塩、白こしょうで味を調える。
4. 器に注ぎ、生クリームを回しかけ、デュカをふる。

＊中東のスパイスミックス"デュカ"をトッピングすることで、エキゾチックな香りがアクセントになり大人味に仕上がります。

France

バターナッツかぼちゃのポタージュ

Potage à la courge musquée

野菜の味わいを凝縮させたポタージュは、メニューのバリエーションが豊富です。季節ごとに旬の野菜1種類で作っても、複数の野菜を組み合わせて作っても自由に楽しめます。かぼちゃのポタージュは定番だからこそ、かぼちゃの品種にこだわって作りましょう。バターナッツかぼちゃは繊維が少なく、なめらかな舌触りと鮮やかなオレンジ色が印象的。ねっとり甘く濃厚な日本のかぼちゃと比べると、水分が多めでさらりと煮上がります。ここではあえてチキンブイヨンだけを合わせて、バターナッツかぼちゃの持ち味を最大限引き出しました。生クリームはごく少量を仕上げにかけるだけ。程よいミルキーさがブイヨンの風味を引き立てます。

材料（作りやすい分量）

グリーンピース（冷凍）…… 300g
葉たまねぎ（p.16参照）
…… 4個（240g）
レタス …… 4枚
ベーコン（かたまり・短冊切り）
…… 100g
無塩バター …… 30g
ローリエ …… 1枚
塩 …… 小さじ1/3
白こしょう …… 少々

作り方

1. 葉たまねぎは、青い部分と白い玉の部分を切り分ける。青い部分は15mm幅に切り、白い玉の部分は縦半分に切る。
2. レタスは半分に切ってから、2cm幅に切る。
3. 鍋に無塩バターを中火で熱し、無塩バターが溶けたらベーコンを入れ、焼き色が付くまで炒める。1を加えて全体を軽く炒め合わせたら、凍ったままのグリーンピースと水300mℓ、ローリエ、塩、白こしょうを入れる。沸騰したら火を弱め、葉たまねぎがやわらかくなるまで煮る。
4. 2を加えて中火にし、しんなりするまで2分ほど煮て、味を見る。足りなければ塩、白こしょうで調える。

France
グリーンピースのフランス風煮込み
Petits pois à la française

グリーンピースのシンプルな煮込みは、フランスの素朴な家庭料理で、私も大好きなメニューです。野菜の甘味、ベーコンとバターのコクで、ブイヨンなしでも豊かな味わいに仕上がります。通常はたまねぎを使いますが、春先には葉たまねぎを使ってみてください。火が通りやすく甘味があるのが特徴で、あっという間にとろりと煮上がります。玉の部分はごろっと入れても大丈夫。葉たまねぎの青い部分もレタスも煮ることでカサが減り、野菜がたっぷりおいしく食べられます。旬の時季にはフレッシュなグリーンピースと葉たまねぎで、そのほかの季節は冷凍グリーンピースと普通のたまねぎを使えば一年中気軽に楽しめます。

材料(1皿分)

ヴァンデ風白いんげん豆の煮込み※
…… 適量
ももハム …… 3枚
有塩バター …… 適量
塩 …… 少々
白こしょう …… 少々
バゲット…… 適量

作り方

1. フライパンを中火で熱し、有塩バター少々を溶かし、ももハムを焼く。焼き色が付いたら裏返し、裏面にも焼き色を付け、塩、白こしょうをふる。
2. ヴァンデ風白いんげん豆の煮込みと1を器に盛り、一口大に切った有塩バターをのせる。バゲットを添える。

※ヴァンデ風白いんげん豆の煮込み

材料(作りやすい分量)
白いんげん豆(乾燥) …… 250g
たまねぎ …… 1/2個(100g)
にんにくのコンフィ(p.55参照・生にんにくでも可) …… 1片
チキンブイヨン(p.61参照) …… 300㎖
ローリエ …… 1枚
タイム ……1枝
塩 …… 小さじ1/2
白こしょう …… 少々

作り方
1. 白いんげん豆はたっぷりの水に浸け、一晩おく。水気を切った白いんげん豆を鍋に入れ、ひたひたに水を注ぎ、中火にかける。沸騰したら火を弱め、やわらかくなるまでゆでる。
2. たまねぎとにんにくのコンフィはみじん切りにする。
3. 1の水気を切って鍋に戻し、2とチキンブイヨンを加えてひたひたになる程度に水を足す。ローリエ、タイム、塩、白こしょうを入れて中火にかける。沸騰したら火を弱め、とろみが付くまで煮る。味を見て、足りなければ塩、白こしょうで調える。

France

ヴァンデ風白いんげん豆の煮込みとハムステーキ

Mogettes de Vendée sur tranches de jambon grillés

白いんげん豆で有名なヴァンデはフランスの西部、大西洋に面したロワール地方にあり、ヴァンデの人々は"豆食い"といわれるほどの豆好きです。特産の白いんげん豆は現地では"モジェットMojette"といい、にんにくと一緒にコトコト煮込んで、塩こしょうで味付けします。こんがり焼いた田舎パンにたっぷりのせてタルティーヌにしたり、ハムステーキを添えたりするのが定番です。この地方には塩田があることから、バターは有塩が好まれます。ほっくり煮えた豆はにんにくの香りもよく、バターの香りと塩気がアクセントになり、止まらないおいしさです。

＊ヴァンデ産の乾燥白いんげん豆は輸入食材店等で購入することができますが、手に入りやすい白いんげん豆の水煮缶で代用すると手軽です。乾燥豆はゆでると2倍強に膨らむので、水煮を使う場合の白いんげん豆の分量は、乾燥豆の倍量を目安にしてください。

材料(作りやすい分量)

じゃがいも(メークイン) …… 500g
牛乳 …… 300㎖
生クリーム(乳脂肪分42%)
…… 200㎖
シュレッドチーズ
(できればグリュイエール) …… 50g
にんにくのコンフィ(p.55参照・
生にんにくでも可) …… 1片
無塩バター ……10g
塩 …… 小さじ1/2
白こしょう …… 少々
ナツメグ …… 少々

作り方

1. じゃがいもは皮をむき、5mm厚さにスライスする。
2. 鍋に1、牛乳、生クリーム、みじん切りにしたにんにくのコンフィ、塩、白こしょう、ナツメグを入れ中火にかける。沸いてきたら火を弱め、じゃがいもに火が通るまで煮る。じゃがいもを取り出し、煮汁は軽くとろみが付くまで煮詰める。
3. グラタン皿に無塩バターを塗り、2のじゃがいもと煮汁を入れる。シュレッドチーズをのせて200℃に予熱したオーブンで表面に焼き色が付くまで12分ほど焼く。

じゃがいもは煮崩れしにくいメークインが向きます。スライスした形を残して仕上げましょう。

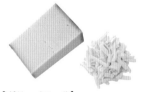

【グリュイエール】
スイス・フリブール州の伝統的な牛乳製の硬質チーズ。そのままでも、加熱して溶かしても風味がよく、サンドイッチやグラタン料理に欠かせない。フランスのサヴォアやフランシュ・コンテ地方などで作られている。

France

グラタン・ドフィノア

Gratin dauphinois

フランス南東部のドフィネ地方は東側にアルプス山脈を望む山岳地帯で、その地域名を冠した"グラタン・ドフィノア"はフランス全土で人気の名物料理です。具はじゃがいも1種類だけ。肉も入らない素朴な田舎料理ですが、煮込むことで自然なとろみが付いた牛乳とクリーム、にんにくの香りが調和して、飽きのこないおいしさがあります。本来は、チーズも牛乳も使わずに輪切りにしたじゃがいもに生クリームをかけてオーブン焼きにした料理で、生クリームは必須です。スライスしたじゃがいもは洗わずそのまま使いましょう。じゃがいものでんぷん質で、ベシャメルソースなしでもとろみが付いて濃厚な味わいに仕上がります。

France
オニオングラタンスープ
Soupe à l'oignon gratinée

"グラチネ"とはフランス語で、オーブンで焼き上げる調理法を指す動詞です。ただ焼き色を付けるだけではなく表面に焼き色の付いた膜を作ることが大切です。膜があることで、なかの食材が乾燥せずに蒸し焼きの状態になります。この調理法で作られた料理が"グラタンGratin"です。オニオングラタンスープは、オニオンスープを"グラチネ"したものです。ベシャメルソースを使った一般的なグラタンとは違い、スープにチーズを入れただけではなかでチーズがとろりと溶けるだけ。スープに浮かせたパンにチーズをのせるからこそその仕上がりです。

材料(2人分)
オニオンコンフィ(p.34参照) …… 150g
チキンブイヨン(p.61参照) …… 350ml
赤ワイン …… 50ml
シュレッドチーズ(できれば
グリュイエールかコンテ) …… 50g
塩 …… 少々
白こしょう …… 少々
黒こしょう(粗挽き) …… 少々
バゲット(4cmスライス) …… 4枚(15g/枚)

作り方
1. 鍋にオニオンコンフィとチキンブイヨン、赤ワインを入れてひと煮立ちさせる。味を見て足りなければ、塩、白こしょうで調える。
2. 耐熱性のスープ皿にバゲットを2枚ずつ入れて1をかけ、バゲットにスープを染み込ませる。オニオンコンフィは少量バゲットの上にのせ、シュレッドチーズをトッピングする。
3. 220℃に予熱したオーブンに入れ、チーズが溶けて焼き色が付くまで焼く。仕上げに黒こしょうをふる。

薄切りのバゲットをトーストしてスープにのせるのが一般的ですが、ここではあえて大きなパンを使い、パン料理として仕上げました。日が経ってかたくなったパンの活用法としてもおすすめです。あめ色に炒めたたまねぎとブイヨンで作る濃厚なスープが味わい深く、食べ応えがあります。

＊パリのレ・アールに中央市場があった頃に深夜営業のレストランで供されたものが、夜遊びする若者たちに人気になり、シンボル的なメニューになりました。日本で飲んだ後の〆にラーメンを食べるのと同じような感覚で、気軽に楽しめる一品です。

塩豚(p.61参照) ····· 500g
ペコロス ····· 7〜8個
にんじん ····· 1本(150g)
キャベツ ····· 3/4個(800g)
白いんげん豆(水煮) ····· 300g
無塩バター ····· 30g
ローリエ ·····1枚
タイム ·····1枝
塩 ····· 少々
白こしょう ····· 少々
ディジョンマスタード ····· 適量

作り方

1. ペコロスは根元を切り、皮をむく。にんじんは皮をむき、7mm厚さの斜め切りにする。キャベツは4〜6等分のくし形切りにする。
2. 大きめの鍋(ここでは容量5ℓの鋳物ホーロー鍋を使用)に無塩バターを中火で熱し、無塩バターが溶けたらペコロスを炒める。ペコロスの表面が透き通ってきたらにんじんを加えて炒め合わせる。
3. キャベツ、4等分に切った塩豚、白いんげん豆を入れて水1.2ℓを注ぎ入れ、白こしょうをふる。ローリエとタイムをのせ、沸騰したら蓋をして火を止める。
4. 200℃に予熱したオーブンに**3**を鍋ごと入れて1時間加熱する(オーブンに入れられる鍋がない場合やオーブンがない場合は、そのまま弱火で1時間から1時間半煮込む)。
5. 味を見て足りなければ、塩、白こしょうで調える。お好みでディジョンマスタードを添える。

鍋ごとオーブンに入れられる、厚手の鋳物ホーロー鍋は時間のかかる煮込み調理に重宝します。オーブンに入れてしまえば、火のそばにいる必要がなく手間いらず。ただしやけどには十分注意して、厚手の鍋つかみを使って鍋に触れないようにしましょう。

France

ポテ

Potée

"ポテPotée"とは豚肉と野菜の煮込み料理のことで、壺や鍋を指す"ポPot"から派生した言葉です。似たようなフランスの煮込み料理の "ポトフPot-au-feu"は、feu（火）にかけたpot（鍋）のこと。ポトフは牛肉と野菜で作ったもので、使う肉の種類によって名前が変わります。牛すね肉やオックステールを使う本格ポトフに比べると、豚バラ肉で作るポテは気軽で家庭的です。鍋ごとオーブンに入れると鍋全体からじっくりと火が通り、野菜はとろりと甘味が増し、豚肉は口のなかでほぐれるほどにやわらかくなります。

France

レンズ豆のサラダ

Salade de lentilles vertes

レンズ豆の煮物は旧約聖書に出てくるほど、古くから一般的な料理です。フランスではオーヴェルニュ地方のル・ピュイ産のレンズ豆が最も上質とされています。濃い緑色で、皮が薄く小粒でふっくらとやわらかく、料理人に好まれています。煮物やスープやサラダに、温製でも冷製でも、万能に楽しめるのが魅力です。庶民的な食材なので、華やかさこそありませんが、サラダはレンズ豆の個性が堪能できる料理です。小粒だからこそヴィネグレットソースがなじみやすく、素朴でありながらも味わい深く、じわじわと後を引くおいしさがあります。パンのおとものひとつとして、知っていると便利な一品です。

材料(作りやすい分量)

緑レンズ豆(乾燥／
できればル・ピュイ産) …… 200g
たまねぎ …… 1/2個(100g)
にんじん …… 1/2本(80g)
ベーコン(スライス) …… 80g
エシャロット …… 30g
イタリアンパセリ(みじん切り)
…… 大さじ2
ヴィネグレットソース (p.47参照)
…… 80g
ローリエ …… 1枚
塩 …… 少々
白こしょう …… 少々
E.V.オリーブ油 …… 大さじ1

作り方

1. 鍋に洗った緑レンズ豆とローリエを入れ、たっぷりの水を加えて中火にかける。沸騰したら火を弱め、15分経ったら塩を加え、緑レンズ豆がやわらかくなるまで20～30分煮る。ザルにあげて水気を切る。

2. ベーコンは短冊切りにする。たまねぎとにんじんは8mmの角切りにする。エシャロットはみじん切りにする。

3. 鍋にE.V.オリーブ油とベーコンを入れ、中火で炒める。ベーコンの脂が出て、焼き色が付いてきたらたまねぎとにんじんを加え、火が通るまで炒める。1を入れ、全体を軽く炒め合わせる。

4. ボウルに移してエシャロット、イタリアンパセリ、ヴィネグレットソースを加えて混ぜ合わせる。味を見て足りなければ、塩、白こしょうで調える。

たまねぎとにんじんは食感が残る程度に炒めましょう。ベーコンと炒めることで風味がよくなります。ここではベーコンを使用していますが、現地では豚の鼻や耳、豚足をやわらかく煮たものを刻んで合わせます。

＊水煮のレンズ豆(缶詰)を使えば、より手軽に作れます。

材料(作りやすい分量)

シュークルート※
(市販のザワークラウトでも可)……500g
たまねぎ……1/2個(100g)
にんじん……1/2本(80g)
豚肩ロース肉(厚切り)……200g
ソーセージ(大)……4本
ベーコン(8mmスライス)……1枚(50g)
無塩バター……30g
白ワイン……60㎖
ローリエ……1枚
ジュニパーベリー……小さじ1
塩……小さじ1/2
白こしょう……適量
ディジョンマスタード……適量

※シュークルート

材料(作りやすい分量)
キャベツ(せん切り)……1玉
塩……キャベツの重量の2.5%
キャラウェイシード……小さじ1/3
ジュニパーベリー……小さじ1/3
作り方
ジッパー付き保存袋に全ての材料を入れて全体をしっかりもみ込む。水分が出て、しっとりなじんだら、空気を抜いて密閉し、常温(25℃)で1週間程度発酵させる。キャベツの色が白っぽく変化し、心地よい酸味が感じられるようになったら、冷蔵庫に入れる。

作り方

1. 豚肩ロース肉は半分の厚さに切り、塩と白こしょう少々をもみ込み、ラップをして冷蔵庫で一晩おく。
2. たまねぎは薄切りにする。にんじんは皮をむき7mm厚さの斜め切りにする。
3. 鍋に無塩バターを中火で熱し、無塩バターが溶けたらたまねぎを入れ、しんなりするまで炒める。シュークルートを加えて炒め合わせ、白ワイン、ローリエ、ジュニパーベリーを加えて沸騰させる。
4. 1、にんじん、半分の長さに切ったベーコンを加え、白こしょう少々をふる。蓋をして、弱めの中火で10〜15分煮る。豚肉に火が通ったらソーセージを加えて温める。
5. 器に盛り、ディジョンマスタードを添える。

＊ソーセージは長く煮ると旨味が流れ出てジューシー感がなくなります。仕上げに温める程度にするとふっくらと仕上がります。

＊じゃがいもを加える場合は、鍋で一緒に煮ると煮崩れしてしまうので、別で加熱したものをソーセージと一緒に最後に合わせましょう。

France
アルザス風シュークルート
Choucroute alsacienne

"シュークルート"とは乳酸発酵させたキャベツの保存食のことで、それを使った料理のことも指します。ドイツとの国境にあるフランス・アルザスの伝統料理で、塩漬けにした豚肉やハム、ソーセージと一緒に煮込んだボリュームのある一品です。発酵したキャベツの酸味が心地よく、豚肉加工品がさっぱりおいしく食べられて、アルザス産ビールや白ワインによく合います。じゃがいもを添えることが多いのですが、ここではにんじんを一緒に煮込んで彩りを添えました。フランスでは珍しい大皿料理で、鍋を囲むように数名で楽しめるので、ホームパーティーにも喜ばれます。ドイツでは同じものを"ザワークラウトSauerkraut"といいます。

材料(作りやすい分量)

ポロねぎ ⋯⋯ 300g
じゃがいも(キタアカリまたは男爵)
　⋯⋯ 300g
にんじん ⋯⋯ 100g
ソーセージ ⋯⋯ 100g
ベーコン ⋯⋯ 80g
無塩バター ⋯⋯ 25g
ブーケガルニ(p.23参照・なければ
ローリエ1枚とパセリの茎だけでも可)
　⋯⋯1個
塩 ⋯⋯ 小さじ1/2
白こしょう ⋯⋯ 少々
イタリアンパセリ⋯⋯ 少々
ライ麦パン⋯⋯ 適量

作り方

1. ポロねぎは5mm幅の小口切りにする。
2. じゃがいもとにんじんは皮をむき8mmの角切りにする。
3. 鍋に無塩バターを中火で熱し、無塩バターが溶けたら短冊切りにしたベーコンと**1**を加え、ベーコンの香りが出てポロねぎがしんなりするまで炒める。
4. **2**を加えて炒め合わせ、水1.2ℓとブーケガルニを加える。沸いてきたら火を弱め、じゃがいもが煮崩れしかけるまでやわらかく煮る。
5. 輪切りにしたソーセージを加えて温め、塩、白こしょうで味を調える。
6. 器に盛り、イタリアンパセリの葉をふり、ライ麦パンを添える。

ポロねぎとベーコンをじっくりと炒めると、甘味が増します。ポロねぎがない場合は、太めの長ねぎで代用できます。とろりと煮込まれた長ねぎは洋風のスープにもよく合い、遜色ないおいしさです。

＊じゃがいもとポロねぎの組み合わせは、フランス人シェフが考案した冷製スープの"ヴィシソワーズVichyssoise"が有名です。ミキサーにかけてなめらかに仕上げるので上品な味わいですが、このスープと比べると食べ応えは劣ります。

Germany
じゃがいもとポロねぎとソーセージのスープ
Kartoffel-Lauch-Suppe mit Würstchen

ドイツでは家庭で温かい料理を作ることが少なく、パンとハム・ソーセージとチーズだけの冷たい食事"カルテスエッセンKaltes Essen"が夕食の定番です。ドイツのハム・ソーセージは種類が豊富で味わいも豊か。そんな食肉加工の文化が発展しているからこそ成り立つ食卓です。温かい料理は昼食に取ることが多く、じゃがいもとソーセージのスープは定番です。素材そのものの味わいや食感を生かしたドイツの素朴なスープは、ブイヨンがなくても旨味も食べ応えも十分です。じゃがいもが崩れかけるまで煮込むと、スープにとろみが付き家庭的なおいしさに仕上がります。

材料(作りやすい分量)

塩豚(p.61参照) …… 250g
ビーツ …… 200g
たまねぎ …… 1個(200g)
じゃがいも …… 2個(200g)
にんじん …… 1/2本(120g)
トマト …… 1個(180g)
セロリ …… 1/2本(60g)
キャベツ ……3枚
にんにくのコンフィ(p.55参照) ……5g
塩豚スープ(p.61参照) ……1.2ℓ
無塩バター …… 20g
塩 …… 少々
白こしょう …… 少々
スメタナ風クリーム※ …… 適量
ディル …… 少々

※スメタナ風クリーム
水切りしたプレーンヨーグルトと生
クリームを同量ずつ混ぜ合わせる。

作り方

1. たまねぎとセロリは薄切りに、ビーツとにんじんはせん切りスライサーでせん切りにする。じゃがいもは拍子木切りにする。キャベツは半分に切ってから1cm幅に切る。トマトは湯むきして1cmの角切りにする。
2. 鍋に無塩バターの2/3量を中火で熱し、無塩バターが溶けたらたまねぎ、セロリ、にんじん、にんにくのコンフィを加えて野菜がしんなりするまで炒める。
3. 塩豚スープを入れ、食べやすい大きさに切った塩豚、キャベツ、トマトを加えて沸いてきたら火を弱め、15分ほど煮る。じゃがいもを加えてやわらかくなるまで煮る。
4. 別の鍋に残りの無塩バターを中火で熱し、無塩バターが溶けたらビーツを加えてしんなりするまで炒める。3の煮汁を1/3カップほど加え、蓋をして5分ほど蒸し煮にする。
5. 3の鍋に加えてひと煮立ちさせ、塩、白こしょうで味を調える。器に盛り、スメタナ風クリームとディルを添える。

ビーツは別鍋で調理したものを最後に加えると、鮮やかな赤色が生かせます。

＊ビーツはせん切りスライサー(p.64参照)でせん切りにすることで喉ごしがよく、食べやすく煮上がります。

Ukraine

ボルシチ

борщ

ウクライナ発祥の“ボルシチ”は、ロシアやポーランド、東欧諸国で広く親しまれている具だくさんの煮込み料理です。赤く鮮やかな色合いはビーツによるもので、ビーツ特有の甘さと素朴な香りが特徴です。家庭料理のため、地域ごとのバリエーションが豊富で、肉の種類に決まりはなく牛、豚、家禽を単品で使ったり組み合わせたり、野菜の種類や切り方にも違いがあります。かたいビーツはスライサーでせん切りにするとクタッとして火が通りやすく、たっぷり食べられます。仕上げに添えるスメタナは東欧料理に欠かせない発酵クリームで、日本のサワークリームと比べるととろりとなめらか。水切りヨーグルトと生クリームで代用すると本場の味に近付きます。

ナガタユイ
Food coordinator

食品メーカー、食材専門店でのメニューおよび商品開発職を経て独立。サンドイッチやパンのある食卓を中心に、メニュー開発コンサルティング、書籍や広告のフードコーディネートなど、幅広く食の提案に携わる。日本ソムリエ協会認定ソムリエ、チーズプロフェッショナル協会認定チーズプロフェッショナル、国際中医薬膳師、ル・コルドン・ブルーのグラン・ディプロム取得。著書に『サンドイッチの発想と組み立て』『卵とパンの組み立て方』『果実とパンの組み立て方』『生野菜とパンの組み立て方』(全て誠文堂新光社)、『フレンチトーストとパン料理』(河出書房新社) などがある。

参考文献
『フランス 食の事典』(白水社)
『新ラルース料理大事典』(同朋舎)
『新・野菜の便利帳 健康編』(高橋書店)
『ホットドッグの歴史』(原書房)
『基礎から学ぶフランス地方料理』(柴田書店)
『パンの図鑑』(マイナビ出版)
『ハーブとスパイスの図鑑』(マイナビ出版)

調理アシスタント　　坂本詠子
撮影　　　　　　　　髙杉 純
デザイン・装丁　　　那須彩子 (苺デザイン)

サラダサンドの探求と展開、料理への応用
温野菜とパンの組み立て方

2021年7月25日　発　行　　　　　NDC596

著　者　ナガタユイ
発行者　小川雄一
発行所　株式会社 誠文堂新光社
　　　　〒113-0033　東京都文京区本郷3-3-11
　　　　(編集) 電話03-5800-3621
　　　　(販売) 電話03-5800-5780
　　　　https://www.seibundo-shinkosha.net/
印刷所　株式会社 大熊整美堂
製本所　和光堂 株式会社